「学歴なんて関係ない」はやっぱり正しい

MCJ社長
安井元康

草思社

はじめに

「自分なんて、学歴もないから評価されない」

「あの人ばかり、覚えがめでたくてズルい」

などと葛藤を抱えて、あなたは仕事をしていないでしょうか？


学校の成績や偏差値、そして職場の人事評価。

評価は、何かしらの基準にもとづいて他人から下されるものです。しかし、仕事や人生において成功しているか否かは、自分自身で決めるもの。まわりからの評価があなたの価値を決めるのではありません。

それが、本書の大きなテーマです。

長引くコロナ禍によって、社会には不透明感が漂い、個々人の将来に対する不安も募ってきています。安心や心の拠りどころを求めるあまり、周囲と比較して「マシな自分」に安堵したり、安定のために長いものに巻かれようとする傾向が強くなってきています。

頭では「もうそんな時代ではない」とわかっていながらも、所属する会社名や過去の実績である学歴に、人はすがってしまいます。あるいは、その優劣を気にしたり、妬ましい他人を批判することで、弱い自分を守ろうとしてしまいます。

もう金輪際、そんな旧弊な価値観・考え方とは、すっぱり縁を切るべきです。

いつまでも学歴・大企業信仰に囚《とら》われる。まわりと比較しては羨《うらや》み、妬《ねた》んでは批判する。そうしているうちに、人生の成功はみるみる遠ざかります。

「成功するチャンスは誰にでもある」

と、よくいわれますが、正確には違います。

「成功しようと行動する者に、チャンスは平等にある」です。

現在の自分自身に不安や不満があるならば、まずやるべきことは、過去の自分と決別することです。人を羨んだり、批判している時間はありません。

とにかく新しい自分の形成に向けて、今日から歩み出す。

成功はいうまでもなく、自分の努力や行動の結果であり、日々の積み重ねです。


学歴がない、仕事での評価を得られない。

就職や転職に失敗した、失業した。

確かに今は大変だと思います。

ただ、それはすでに起きてしまったことで、もう変えようがない事実です。

一方で、自分の将来が閉ざされていないことも事実です。

バックミラーを見ながらこの先を歩むのではなく、しっかりと前を向いて、これからの自分に向き合う。

あなたに学歴があってもなくても、あなたが大企業に所属していてもいなくても関係ありません。まわりからデキる人デキない人とレッテルを貼られていようが、関係ありません。

ちょっとした工夫、そして努力と行動によって、誰にでも幸せになれる可能性は開かれています。

本書をきっかけにして、仕事に不安や不満を抱えている人が、ひとりでも多く幸せな人生を歩んで欲しい。

そんな応援の意味を込めて、本書を捧げます。

「学歴なんて関係ない」はやっぱり正しい

目次

第3章　学歴よりも学習歴

第4章　学歴に頼らず仕事で成功するために

第5章　それでも学歴が気になるのなら

第6章　非学歴時代の人生設計

第1章

なぜ学歴が気になるのか

なぜ今、学歴について語るのか

なぜ、今さら学歴のことを取り上げるのか。

そう思われる方も、いらっしゃるかもしれません。

私にいわれるまでもなく、仕事に学歴は直接的には関係ない、仕事は実力・実績がすべてだということは、あなたも頭では十分にわかっているでしょう。

それでも、人は自身の（パッとしない）学歴を幾つになっても、意外と引きずってしまうものなのです。

おそらく、あなたのまわりには「高学歴で実力がある人」「高学歴かつ努力家」がいっぱいいるのではないでしょうか。だからパッとしない学歴の自分が努力をしても、なかなか差が縮まらない、どんどん歳とともに差が開いていく。この先、自分は一生汲々として生きていくのではないか――。

そんな焦りや不安があるのではないでしょうか。

かくいう私自身も、高校は都立ですし、大学も中堅どころで決して高学歴ではありません。少なくとも、経営者になるという私の目標や、そこに至るキャリアのステップとして戦略コンサル会社に入ることを考えると、非常に心もとない学歴であったことは確かです。学歴コンプレックスを抱いていたことも確かです。

私が大学を卒業したのは、2001年。ITバブル崩壊を経た就職氷河期といわれた時代です。当時の私の大学では、履歴書を100通送って1通返事があったら万々歳という状態でした。いわゆる大学のレベルで振り分けられる、切り捨てですね。しかも当時の応募書類は、大半が手書きでした。

「これは！」と思える企業の会社案内を見ると、そこで紹介されている先輩社員はやはり一流大学の卒業者ばかり。暗に「それ以外は諦めてくれ」といわれているようです。そんな厳しい就職戦線でしたので、自分らしく生きるといってフリーターになる人、自分探しと称して親にすがり、海外に留学する人も周囲にたくさんいました。

そんな現実を目の当たりにしてきたため、自分が目指すゴール（理想）と学歴（現実）のギャップには、ずっと悩まざるを得なかったのです。自分には学歴がないという焦りやコンプレックスが、私の原点です。

私は、学歴のない自分が一流大学の人たちと同じような戦い方をしても、そこで結果を出すのは無理だと考えました。だから、あえてベンチャー企業だけに狙いを絞って就職活動をしたのです。当時のベンチャー企業はＩＴバブルの崩壊で人材流出が激しく、決していいイメージではありませんでした。

働き出してからも、勤務先が無名であることはいうにおよばず、ボロボロの雑居ビルで働き、スーツすら着ていない自分と、なぜか華やかに大人びて見える同世代のまわりの人間を比べて、日々焦りを感じていたものです。

ですから、あなたが学歴に悩む気持ち、有名企業に入れなかったコンプレックスに苛《さいな》まれる気持ちが、私にはよくわかります。あるいは、運よく有名企業には入れたものの、高学歴者に囲まれた環境でどんどん差をつけられていく焦りも、よくわかります。

それでも、です。

「社会人にもなって、学歴で悩んでいる場合ではない」と、私は説きたいのです。

学歴コンプレックスで引け目を感じていると、将来の不安がどんどん膨らんでいきます。まわりと比べては落ち込んでしまい、コンプレックスもどんどん強まっていきます。

これでは、絶対にいけません。

大切なのは「ここから人生を逆転させてやる！」という気概です。

受験勉強では負けたが、社会に出てからは高学歴の人には絶対負けない――と。

私には学歴のない自分を奮い立たせるものがありました。

「自分は（将来）こういう人間になりたい」という確固たる目標です。

それは「経営者になりたい」というゴールでした。

高学歴かつ一流企業に勤めている人に負けないような、高い目標を自分に対して掲げたのです。

高い目標を達成するには、「王道」「マジョリティ」とは逆のやり方を選択し、圧倒的な努力と経験を重ねて、みずからを鍛え上げるしかありません。

いわば、「学歴・大企業信仰」の逆の道です。

「過去は過去」「学歴コンプレックスは時間の無駄」とスパッと切り捨て、私は将来の目標に向けて走り出したのです。

大学卒業後、ベンチャー企業に飛び込んだ私は、自主的に1日17時間以上、週6日勤務なんて平気でこなしていましたし、会社の規模は小さくても猛烈に知識と経験を吸収していましたから、「自分の将来は明るいはずだ」という思い込みもありました。

当時の睡眠時間は平均すると3時間くらいで、飲み会にもいっさい参加せず、プライベートのこともいっさい顧みず、仕事と学習に邁進《まいしん》していました。

「とんでもないブラック企業、ブラック労働だ……」と、ビビらないでください。

誰かに仕事を押しつけられていたわけではなく、あくまで「自分の勉強」のために自主的に仕事をしていたのです。

仕事に没頭していると、自分に学歴があるかないかなど考えなくなります。過去や周囲のことも、いっさい気にならなくなります。

学歴に限りませんが、コンプレックスというのは自分が勝手に感じているだけで、まわりはまったく気にしていなかったりするものです。

かつての私と同じ悩みを持っているあなたにも、もう無駄なコンプレックスで貴重な時間を無駄にして欲しくないのです。とくに20代30代の方は、仕事の基礎体力をつくる何より貴重な時期なのですから。

もう無理やり自分のコンプレックスを解消しようとする必要はありません。

自分の目標に向けて走り出すだけでいいのです。


私もかつて学歴コンプレックスがあったことは確かですが、仕事で活躍している限り、学歴に焦点が当たることはありませんでしたし、もはや聞かれることもありません。


過去は変えられませんが、将来は自分しだいでいくらでも変えられます。

もういいのです、変えられない過去に時間を割くのは。

あなたに学歴があってもなくても、大企業に所属していてもいなくても、関係ありません。あるいは会社での評価が高くても低くても、関係ありません。

変えられる将来に、誰しも今日からフォーカスすべきなのです。

学歴が「安心材料」になる時代は終わっている

2001年、私は明治学院大学国際学部を卒業しました。

少し駆け足で、私の経歴を振り返ってみます。

私は母子家庭に育ったこともあり、家計はずっと大変でした。中学時代からアルバイトに明け暮れ、普通の都立高校を経て大学に入学しました。もちろん大学時代も学費や生活費を稼ぐためにアルバイトを数々こなし、無事卒業することができました。

ですが当時は「中途半端な偏差値」の大学を卒業した自分に、なかなか自信を持つことができなかったのです。

就職活動をしたのは、まさに就職氷河期。周囲は大苦戦しながらも大企業志向でしたが、多くは書類選考で振るい落とされていました。一方の私は、高学歴者と戦うのは不利と考え、実力をつけやすいベンチャー企業を志望。自分の能力を伸ばせる会社であれば、激務・薄給でも問題ないと考えたのです。

前述したように、**いわゆる高学歴で一流企業に勤めるような人たちに勝つには、マジョリティと逆のやり方で勝負し、人一倍の努力で這い上がろうと考えていたのです。**

とはいえ、ベンチャー企業は今も当時も「実務経験2年以上」といった即戦力の中途採用が中心です。そこで新卒の私は「気合は実務経験2年分以上あります」とアピールして数十社に応募し、まずはGDH（現ゴンゾ）というアニメ制作会社に就職しました。今になって振り返れば「気合は2年分以上ある」なんて、なんだか怪しい人間のようです。

GDHには1年ほど勤めましたが、重要なポジションには戦略コンサル出身の優秀な人材が多くいるなど、組織としては完成に近い形でした。また外部からコンサルタント出身者をスカウトして幹部に据えたりと、社内でいくらがんばっても上には行けない構造となってきたのです。

そのため、さらなる自身の成長を求めて、23歳でパソコンを受注生産方式で扱うエムシージェイ（現MCJ）に、転職しました。入社してすぐに株式上場に関する実務をみずから志願し、膨大な業務をこなしては猛勉強（インプット）をつづけました。

週6日、1日17時間ほど働いていましたが、これまた誰に押しつけられたわけでもありません。いわば自主的なブラック労働です。

そのかいあってMCJは2004年に東証マザーズに上場を果たし、私は執行役員（経営企画担当兼グループCFO）に就任しました。このとき、25歳でした。

上場という目標を成し遂げた私は、やがて次のゴールのために会社を辞めて留学します。ケンブリッジ大学大学院に私費で留学し、MBA（経営学修士）を取得。

帰国後は戦略コンサル会社（IGPI、経営共創基盤）に29歳で参画し、企業の成長戦略や再生計画の立案・実行に従事しました。それまではベンチャー企業勤務の経験しかありませんでしたから、戦略コンサル会社で実務経験の幅を広げようと考えたのです。戦略コンサル会社では、32歳でディレクター職に昇進し、さらにプリンシパル職にまで昇進できました。

2016年には古巣のMCJに復帰し、2017年からは同社の社長兼COOを務めています。社長になったのは38歳でしたし、振り返ってみると、これまで勤務した会社ではいずれも最短・最年少で昇進していたのです。

そんな私の経歴を通じて、断言できることがあります。

いきなり元も子もない話ですが、学歴自体は生きていくうえでも、仕事をしていくうえでも、「さして役に立たない」ということです。学歴コンプレックスに悩んでいるのであれば、どうか安心してください。将来を悲観しなくて大丈夫です。

ただし、学歴がいっさい役に立たないとはいいません。

入口をこじ開ける鍵としての機能、「ドアノック効果」はあります。

つまり就職活動（新卒・中途）で、書類選考が通りやすいというメリットです。

何かしらのアクションに対して「ドアを開けてもらえる可能性」、すなわち入口に立てるケースはある、ということです。

実際に私自身も29歳にして、それまでベンチャー企業勤務の経験しかないにもかかわらず、未経験で戦略コンサル会社に転職しました。その際、海外の有名大学院でMBAを取得していたことが、「ドアノック効果」を発揮したと思っています。

そうでないと、都立高校から中堅大学を経たベンチャー企業経験だけの人間が、応募書類が殺到する戦略コンサル会社の面接に呼ばれる可能性は低かったでしょう。

戦略コンサル会社の書類選考の倍率は、新卒採用では100倍以上はザラですし、中途採用においても関門は非常に狭いのです。

そう考えると、MBA取得を通じて堂々と「学歴ロンダリング」をした私の作戦勝ちであったともいえます。

つまり、学歴の「ドアノック効果」については、「学歴ロンダリング」という挽回手段もあるわけです。

逆にいうと、学歴にそれ以外のメリットはまずありませんから、いつまでも自分の学歴について思い悩む必要はありません。

学歴は入口を開けるための「ドアノック効果」であり、そこから先に進めるか否かは当然実力や中身が問われます。おそらく中途採用の私も、MBAだけをもって面接に呼んでくれたわけではないでしょう。

ちなみに海外の企業経営者にはMBAを含む大学院卒やPh.D.が多いのに対して、日本では大卒が大半です。世界基準で見れば日本人経営者の学歴は決して高くないということです。国内リーグ（偏差値ランキング）で学歴の優劣を語るのは、そもそも井の中の蛙《かわず》、どんぐりの背くらべともいえるのです。

そういう点からも、やはり過去ではなく、これからのことにフォーカスすべきです。

もう学歴のことで悩まなくていいのです。

もし将来、どうしても「ドアノック効果」が必要な際は、「学歴の上塗り」「学歴ロンダリング」をすればいいだけのことです。

このことは第5章で詳述したいと思います。

「他人の評価」を成功の基準にしてはいけない

そもそもあなたが「学歴がパッとしない……」と思い悩んでいるのには、どういう理由があるのでしょうか。

ひょっとしたら、誰かから評価されたいだけなのではないでしょうか。

「他人から評価されている＝成功している」という価値観に染まってはいないでしょうか。他人からの評価で自分の価値を認識したり、安心したりしようとしてはいないでしょうか。

しかし、評価と成功は異なるものです。

まわりからどう思われているかを過度に気にしてはいけません。

評価は他人からされるものですが、人生において何をもって成功とするかは、本来は自分自身が決めるべきものです。当たり前のことですが、キャリアや人生における成功に正解はありません。あくまでも自分自身が考える幸せの形を追求した結果としての成功があるのみです。

「○○大卒って、すごいー」「○○商事勤務って、かっこいい」なんて評価されることが、人生の成功であるわけがないのです。

自分の可能性を追求してきたか否かが、成功者か否かを分けるポイントです。

自分自身の可能性をどこに見出し、どこに目標を設定するか。それをいかに達成するか。つまり成功するか否かは、すべて自分自身に委ねられているのです。

学歴や年収、会社のブランド、そうしたもののすべてを否定するつもりはありませんが、人生における成功とは、結局は外的なものではなく内的な成長にあります。

自身の成功は誰かに判定してもらうのではなく、自身の価値観にもとづいて自分で決めるべきことなのです。

「そんなことは、わかっています。でも……」

と言い訳してしまうのは、自分の目標が見つからず、自身の夢やゴールに向けて歩み出していない証拠です。今できることにチャレンジすることで、新たな可能性が見えてきます。さらなるチャレンジをすると、また新しい可能性が見えてきます。その過程では成功も失敗もありますが、主体的な行動は間違いなく日々の充実感を生み出します。そうして、やがてそれが大きな成功へとつながる——というのが、私の考える成功者のイメージです。

繰り返しますが、評価と成功は異なるものです。

なのに人はついつい他人からの評価を求めてしまう。

自分は他人と比べて恵まれているのか。人からどのくらい必要とされているのか。自分には価値があるのか。それがわからないし、見えない。

不安や焦りがあるから、自分を大きく見せようとしたり、他人から「すごいですね」といわれたくなるのです。

コロナ禍によって、今後ますます不確実性の高い時代になっていくでしょう。多くの人は周囲からの評価をより気にするようになり、他人と比較して「周囲よりはマシ」と考えて、安心しようとするかもしれません。その流れに飲み込まれてはいけません。

学歴信仰や有名企業信仰も、まさに同じメンタリティに起因するからです。

学歴というのは、いうまでもなく過去の実績であり、記憶力をベースとした「お勉強ができたことの証明書」です。要は、受験というある種のゲームに秀でた能力を発揮できたか否かをはかる基準です。

「彼は〇〇大学出身で、イイやつなんですよ」

というふうに人を紹介されることがありますが、私はそう聞かされた瞬間「あっ、この人、あまり仕事ができない人なんだな」と判断します。

現時点での仕事で輝いていないから、過去の実績たる学歴や「イイやつ」という言葉でお茶を濁している。そう感じるのです。

つまり社会人になってからも学歴を持ち出すというのは、現時点において成功していないことの裏返しです。先行きに対する不安から、過去のアイデンティティに価値を見出して、心の拠りどころとする行為なのです。学歴と同じく、他人からの評価を過度に気にするのも、今の自分が成功していないことの裏返しです。

現状や先行きが不安だからこそ、過去の学歴や他者の評価にすがる。そうして、自分が成功するための時間がどんどん削られていくのです。

何も他者からの評価をいっさい求めるな、とはいいません。

成果が正しく評価されることは、仕事では大切なことです。でも、まわりの評価を気にしすぎては、自身の成功は遠ざかります。ましてや、過去の評価である学歴を気にしているようでは、成功はますます遠ざかります。

今は何者でもない自分や、将来の自分に対する不安。その不安を払拭するには、行動やチャレンジが最優先です。過去や周囲に目を向けるのではなく、不断に自分の可能性に向き合うしかないのです。

新型コロナウイルスの流行が問いかけるもの

この原稿を書いている現在、新型コロナウイルスの終息には、まだまだ程遠い状態です。

終息あるいは状況が落ち着いたとしても、もう以前のような仕事や生活のスタイルへ完全に戻るということはないでしょう。

とくにリモートワークの浸透を考えると、何をもって仕事の成果とするか、という根本的な評価基準が見直されていくでしょう。これからは、今まで以上に結果重視にならざるを得ないのです。「あなたは何ができますか？」が明確に問われ、文字通りのプロフェッショナルが求められる時代になるでしょう。

リモートワークが中心になると、効率性とスピードがいっそう重要視されるようになります。仕事のプロセスを他人にマメにチェックしてもらうことが困難ですし、事業環境の変化に対応するために、またコスト面からも、少数精鋭が求められることになるのです。つまり「プロセスはいいから、とにかく早く結果を出せ」ということになるのです。

すると、同じ会社や同じ部署でも仕事が集中する一部の人と、そうでない人の取捨選別が進み、個人の付加価値がより明確化・透明化されていくのです。

先ほどから、まわりの評価を気にしすぎるなと縷々《るる》述べてきましたが、これからは「周囲と上手くやっている」といった曖昧な評価ではなく、個々人の真の実力が評価されることになるのです。

私たち一人ひとりが、今まさに人生計画や価値観の再設計を突きつけられているともいえます。

自身の人生において、本当に大切なことは何か。

人生で仕事をどう位置づけ、仕事に対して何を求めるのか。

働き方や人生観を今一度深く考える必要に迫られているのです。

今まで当たり前だった満員電車での通勤、週休2日かつ長時間労働を前提とした働き方、協調を是とする横並び的な考え方。そういった今までの前提が失われ、自分にとって大切なことを根本的に考えざるを得なくなっています。どんな人生を生きたいのか、どう働きたいのか、が問われるわけです。

コロナ禍は、いわば追従的な人生の危険性を浮き彫りにし、リスクのない人生などあり得ないという至極当たり前のことを私たちに気づかせてくれたともいえます。「他人からどう評価されるか」「まわりからどう思われるか」といった他者依存的な生き方ではなく、「自分はどう思うか」という主体的な生き方が問われるということです。

人生や仕事において成功しているか否かは自分自身が決めるもの。そう先に申し上げましたが、まさにそういった生き方が求められているのです。

そうなると、当然やるべきことは学歴を含む「過去の実績」にすがることではなく、**今できることにフォーカスすること、将来志向の生き方をすることなのです。**

「あと何年この会社に居続けられるだろうか」などと、ビビってる場合ではありません。

将来志向の生き方とは、「こうなりたい」と思う将来の姿から逆算して、今やるべきことを判断し、果敢に挑戦する生き方です。

私の例でいうと、学歴における自分のレベルから将来の選択肢を考えず、まずは「経営者になる」という大きなゴールを設定しました。そこから逆算し、最初はベンチャー企業でリアルな経営を経験し、その次に戦略コンサルで普遍的なスキルと思考力を鍛え……といった具合に考えていったのです。

会社に勤めながら他社でも通用するスキルを学び、人脈を築いて独立を目指すという人もいるでしょう。あるいは組織内で求められるポジションから逆算して、学ぶ分野を絞り込んで社内プロフェッショナル化していくという選択肢もあるでしょう。

まさに今は自分主体、将来志向で人生を再設計する絶好の時期です。**企業側も自由な勤務形態や副業解禁を打ち出すなど、「会社にしがみつかない人」を求めています。待遇や安定性にしか関心がない人は、企業も抱えきれないのです。**

もう会社ありき、周囲の評価ありきではなくなったのですから、今こそ自分が人生の主人公に返り咲くチャンスといえるのです。

第2章

「高学歴な人たち」の正体

残念な高学歴の人たち

仕事や人生で成功しているか否かは、自分自身が決めるもの。学歴といった「過去の実績」にすがるのではなく、今できることにフォーカスし、将来志向の生き方をすることが重要——と、前章で述べました。

もう変えられない過去のことで、悩むことはナシです。ナシにするのです。

ただし「学歴なんて関係ない」という言葉だけで、学歴コンプレックスを完全に消し去れないことも、また事実です。

そのために本章では、残念な高学歴の生態を具体的に見ていきます。

あなたが周囲に惑わされず、自分自身の道を歩むためにも、周囲の生態をしっかり認識して「ブレない自分」をつくる必要があるからです。

残念な高学歴の生態といっても、何も高学歴の人たちを一様に攻撃するものではありません。エリート全般に対して、恨みヒガミをぶつけるつもりもありません。当然、高学歴にも立派な人もいれば、高学歴だけの人もいるからです。

立派な人からは大いに学ぶことが重要なのは、いうまでもありません。

その一方で注意が必要なのは、残念な高学歴の人、です。

あなたの職場にも、きっといることでしょう。

何とも人を不愉快にさせる、高学歴だけが取柄の人が。

残念な高学歴の人は、人を惑わせたり不快な気持ちにさせたりする天才です。その生態を把握しておかないと、あなたの貴重な時間や精神力は奪われてしまうかもしれません。

「せっかく将来志向を目指したものの、あの人のひと言で、結局コンプレックス人生に逆戻りしてしまった……」などと。

あなたが自分の学歴に悩んでいるのだとしたら、それはきっと周囲の影響でしょう。鼻高々の高学歴者に冷笑された、見下された、説教された、自慢話を聞かされた……。そんな経験が積み重なって、ついつい自信をなくしてしまっているだけではないでしょうか。

残念な高学歴の人たちに「あなた自身」「将来志向の自分」を奪われないために、その生態を冷静に客観視しておく必要があるのです。

残念な高学歴をひと言で表すと、

「学歴に過剰な価値を見出していて、その序列が将来もそのまままつづくと信じている人」

ということになります。

ランキングや格付けが大好きで、人より上か下かを過剰に気にする人たちです。出身大学（学部）の偏差値にとどまらず、企業ブランド、組織内での肩書、年収……と、あらゆる局面で上か下かが気になってしかたがないタイプです。とにかく格付けするのが好きで、無意識にマウンティングしたがる人たちですね。

そういう人は一見すると強者のように見えますが、じつは無意識の不安や自信のなさを抱えているために、他者をラベリングして安心を得ようとしているのだということを、ここで指摘しておきたいと思います。

不安や自信のなさの裏返しで、自分の存在をアピールしたがる傾向にあるのです。

「オレは序列でいうと、このレベルだ」と認識させたくてしかたがないのです。

そんな残念な高学歴への対応法をひと言でいうなら「放っとけ」です。

相手にしては、いけません。

相手は自分に自信があるようでいて、自信がない。だからあなたを値踏みし、「自分の下」の序列に置きたくてしかたがないのです。

いい大学を出たから、いい仕事につけて当たり前。高給を手にして当たり前、幸せになって当たり前。つまり受験に成功したという「わずかなアドバンテージ」をもって、この先の人生も成功して当たり前などと、あたかも自分が特権階級にいるかのような幻想を抱いてしまっているのです。

もちろん、そんな思い込みがポジティブに作用する場面もなくはないでしょう。「できて当たり前」という自信をもって仕事に取り組むことで、実際に成果が出る可能性はあります。ですが、彼らはいったんどこかで挫折してしまうと、「価値ある自分を受け入れてくれない会社や社会が悪い」という極端なネガティブ思考に陥ってしまいがちです。

強者の仮面の下には、意外にも不安でしかたがない素顔が隠されているのです。

学歴や会社の名前によって他人を判断する。そんな残念な高学歴の人の影響をモロに受けてしまうと、ついつい「自分は学歴がないからダメなんだ」「自分なんて」などと、無駄に自分を責めてしまうことにもなりかねません。

「学歴がないと通用しない」と、自分に負のレッテルを貼ってしまうのか。はたまた「学歴がないからこそ、人とは違う工夫をしてがんばるのだ」と考えるのか。

それが人生における運命の分かれ道です。

人生における勝負は、つねに今なのです。

今何をしていて、何ができるのか。

残念な高学歴の人を相手にしているヒマはありません。完全にスルーでいいのです。学歴は記憶力競争における過去の実績であり、幾つになっても学歴に振り回されるなんて、バカげた話でしかないのです。

実録・こんな高学歴には要注意

相手のステイタス（看板や名刺）によって態度を変える人は、仕事をする相手としては非常にやっかいな存在です。そして自分の学歴を誇りたがる残念な人は、得てしてその傾向があります。

どこの大学卒業か、どこの会社勤務か、役職は何か、年収は高いのか……。はたまた、イケてるか否か、使えそうか否か、そんな「オレ様基準」まであったりします。

高卒や自分より下の偏差値の大学を見下したり、相手の職業や会社名を聞いた瞬間、露骨に態度を変える人が、かつて私の身近にもいました。こういう人が会社の上司だったり飲み会の席にいたりすると、非常に困ったことになります。接していて楽しくないし、不毛な時間が増えてしまうのです。

一方で、愚痴の総合商社みたいな高学歴の人も困ったものです。評価されないのはまわりが悪いとばかりに、愚痴や誰かの悪口を口にするタイプの人です。

なまじ高学歴なだけに、それらしい理屈を駆使して愚痴をいうので、ぼんやり聞いていると「そういうものなのかなぁ」と納得してしまいそうになりますが、実際には自分ができないことの責任転嫁をしているだけの話なのです。

自分の現状を認めたくないので、一種の自己防衛として愚痴っている面もあります。そうすることで少しでも優位に立とうとしているわけです。

そういうタイプの人は「同胞」と見なした仲間とタッグを組むのも得意ですから、そうなると総合商社ではなく総合奏者といわんばかりの愚痴の大合唱になってしまいます。

私たちにできることは、ただひとつです。

近づかないようにすること、です。

相手は「仲間」を増やしたくてあなたを巻き込もうとするかもしれませんが、決して酒の席に付き合ったりしてはいけません。職場で何かいってきても、真に受けず、聞き流してください。

また残念な高学歴の人は、流行りに流されやすいという特徴もあります。

良くも悪くも情報感度が高く、要領がいいという特徴の裏返しでしょう。就職や転職戦線において、そのときの流行り、たとえばネット系ベンチャー（たんにネット系に見えるなんちゃって系）、ソーシャルゲーム系、外資系企業など「見栄え」でエントリーしたりするのです。

もちろん自分自身をよくわかっていて、その会社で何がしたいのかを理解していればいいのですが、MBA卒業生や一流大卒業生の中にも、ただたんに「最先端だから（最先端っぽく見えるから）」という理由で飛びつくケースが多く見られます。やがて業界や会社の勢いが減速すると、自身のモチベーションを失い、キャリアも低迷してしまいます。

かつてならITバブルの崩壊で痛い目に遭ったりしていますし、時流に乗って外資系に殺到してリーマン・ショックで大打撃を受けた高学歴も多くいます。高給に惑わされてソシャゲ業界に転じた多くの元コンサル、元投資銀行マンは、その後のキャリア展開に大きな制約を受けていたりします。

こんなことが起こるのも、自己評価がキチンとできていないからです。つまり自分は何ができて何ができないのか、そのうえで何をすべきかを認識せず、「おいしいところ」に乗っかっていこうという姿勢です。「自分はそれに相応《ふさわ》しい人間だ」という幻想にもとづいて、業界や会社の提示する（一時的な）高給に惑わされて動いてしまった節があるのです。

何も高学歴の人に限った話ではありませんが、とくに若い頃の年収数百万円の違いなんて、将来的には微々たる差でしかありません。「目先のエサ」よりも、将来のキャリアにつながる個人の成長を何より優先すべきです。

最後に、こんな残念な高学歴もいます。

会社の経費で一流を気どりたい症候群です。

海外への出張ではビジネスクラスに乗りたがり、豪華なホテルに泊まりたがる。仕事の会食では高いレストランへ繰り出す。そして、態度も大きい。

自分のポケットマネーではできないことを会社のお金でやっている人たちです。なのに「価値ある自分」を信じきっている節があって、それをあたかも自分のポケットマネーで支出しているように振る舞い、その経験を饒舌に語ったりするのです。

私は若い頃、とある大企業の部長さんクラスの方との会食に同席させていただいたことがありますが、「君たちももっと稼いで、こういうところで食事ができる男にならんとな」とか、「オレはここの常連で……」「このワインはいつも飲んでるのよりは安いけど……」と延々と語られました。もちろんご馳走していただく立場なのでありがたく話を聞いていましたが、最後に「おっと、○○（会社名）で領収書ね」と口にするのを聞いて、ズッコケそうになった記憶があります。

私も仕事であちこち飛びまわっていますが、海外出張でもLCCかエコノミーが当たり前、ホテルも安い順にチェックしていくというスタイルです。それもどうかとは思うのですが、身の丈《たけ》とか自分の価値というものを勘違いしたくないのです。

以上、残念な高学歴を見てきましたが、要は思考や行動に柔軟性がないのが問題です。このようなパターンの人はまず「治らない」ので、関わり合わないのがいちばんです。**同席して「不味い酒」を奢ってもらっても、時間がもったいないだけです。明日の仕事に備えて早く寝るほうが、よっぽど生産的です。**

このように学歴や会社名に価値を置くと、どうしても視野が狭くなります。すると自身の成長は必然的に止まり、変化の激しい時代においては、あっという間に化石化してしまいます。

ですから「いつも（昔の話ばかりで）話がつまらない人」は要注意です。

今さら偏った世界観を変えることもできませんから、反面教師にしましょう。フラットに人に接することができなければ、人生にも深みが出ないということです。

イケてる高学歴の人たち

もちろん前項で紹介したタイプとは逆に、素晴らしい活躍をしていたり、尊敬すべき人格を有する高学歴の人も多くいます。

ただ、そもそも論として、そういった方たちとの間では学歴の話などふだんは出ませんし、親しくなってようやく出身大学を知った、あるいはずっと知らない、というケースが多くあります。

何もこれは学歴に限った話ではなく、「現在進行形で活躍している人」の特徴でもあります。私は上場企業の社長クラスとの付き合いが結構ありますが、お互いの学歴なんぞ知りませんし、知る必要すらありません。

そういう意味で、会合や飲み会において、会話が過去の話ばっかりになったらその集団は要注意で、現在とこれからの話が中心であれば大丈夫、といえるでしょう。
以前は「高学歴の巣窟」ともいえる戦略コンサル会社にも勤務していましたが、**イケてる高学歴というのは、自分を客観視することができ、過去の経験を現在に生かしている人たちでした。そして、いい意味で自分ファーストな人が多い印象です。**

まずは、**自分を客観視する力**。これはもはや説明は不要でしょう。過去に受験で成功したから自分に価値があるのではなく、あくまで今現在の自分の価値へのこだわりがあって、自分の強みも至らなさも把握している。つまり冷静な自己判断、飽くなき探求心がある、ということです。

そして**過去の経験を生かす力**というのは、過去の自分の「引き出し」を現在に上手く応用しているということです。受験競争では、みずから工夫・努力して結果を出した、だから現在も自分には価値があるのだという発想ではなく、だから次の困難にも自分は工夫して打ち勝てるはずだ、というような思考回路です。

そういうマインドセットがあるために、自分が知らないことをどんどん調べたり勉強したりすることにも慣れていて、それが習慣化されている。このタイプの人たちの最大の強みはここにあります。

また「引き出し」の多さは、会話を豊かにします。自身の経験をさりげなく比喩として挟んだり、会話のきっかけを摑んだりと、コミュニケーション能力にも関係してくるのでしょう。

さらにはイケてる高学歴は、**いい意味で自分ファースト**。

もちろん「自己中」という意味ではなく、現在の自己の価値に強烈なこだわりがあって、競争心があります。ただしその競争心は他人に向けられたものではなく、自分との闘いにおいて発揮されるのです。

自己の成長や自分の価値の向上に向けて、絶え間ない努力をする。なぜなら、自分の価値を高めることで社会や会社、周囲に貢献でき、その貢献の結果として自分をさらに高めることができるからです。つまり、自分ファーストになれる裏側には、誰かに貢献したいという思いがあるのです。

イケてる高学歴の特徴をまとめてみましょう。

まずは自分を客観視する力。そして、過去の経験を無駄にせず、現在に「引き出し」として活用する力。さらには、現在の自分の価値を高めたいという自分ファーストの姿勢。

もうお気づきのことと思います。

そうです。

「あの人、スゴい」とつい羨望《せんぼう》の目で見てしまいがちな彼らの特徴というのは、じつは学歴に関係なく私たち誰もが習得すべきものなのです。

人生の最高経営責任者(CEO)は自分自身

いかがでしょうか。

もうそろそろ、自身の学歴のことは気にならなくなってきたのではないでしょうか。

どんな学歴であっても、人生の勝負はこれからだ、と。

私が経営者を目指すきっかけになった、とある東証一部上場企業の創業者の方は大学中退という学歴ですし、現在私が社長を務める会社の会長は専門学校中退です。あるいは私の友人にも、中堅大学卒業ながら40代で上場企業の社長をやっていたり、高卒アルバイトから某有名メディア企業で頭角を現して独立したり、引きこもりを経て起業したりと、さまざまな形で活躍されている人が数多くいます。

そしてそういった人の多くは、人生の伴侶に高卒や専門学校卒を選んでもいる。つまり学歴なんか見ていません。

また高校時代のある友人は高卒ではあるものの、「気合いで稼ぐ」「何でも売る」をモットーに営業マンとしての道を追求しています。地方の小さな会社の営業からスタートして実績を上げ、勤め先の規模も扱っている金額も右肩上がりです。

その一方で、同世代で思うような人生を歩めていない人が多いことも実感しています。

大学時代の同級生も、40代の状況は大きく二極化しています。

前述の通り、就活当時は就職氷河期かつ中堅大学だったこともあり、有名企業や大企業に入れた人は少なく、多くは中小企業に就職しました。あるいはフリーターとしてアルバイト採用、あるいは派遣採用されるケースもありました。中には「幹部候補生採用」を謳う怪しげな金融業や、「コンサル」という名の飛び込み営業代行のような会社に就職する人もいました。

少しでも名の知れた企業に職を得ることができた人は、それだけでヒーロー・ヒロイン扱いだったのです。

そうして約20年経った今は、どうでしょう。会社経営や企業における重要なポジションに就いている人、もう引退モードで悠々自適な暮らしをしている人、いまだに人生模索中の人など、さまざまです。

社会に出た時点では就職先も少なかったし、学歴の優位性もなかったことは事実でしょう。ただ、その後の人生を分けたのは、結局はいかにチャンスを見出し、いかに意思決定を積み重ねてきたかでしかありません。その時々の環境への適応力で明暗は分かれます。

少なくとも昨今は転職が当たり前になり、デジタル関係などで新しい企業も増えていることを考えると、雇用の流動性と勤め先の選択肢が以前よりも増していることは確かです。

つまり、ビジネスチャンスを摑むきっかけが増え、学歴に関係なく「上にも下にも行ける」機会や危険が広がっている、ということです。

先述しましたが、私はＩＴバブル崩壊後に、あえてベンチャー企業に活路を見出しました。その後は景気が回復し、ベンチャー企業が再注目されるようになったため、最前線での経験を数多く積み重ねました。リーマンショック後は企業再生という、これまた最先端の場で修業もしました。

このように私は、市場の変化とその先を見越して行動してきたのです。いつクビになるかもしれない厳しい環境にあえて身を置きつつ、その先のチャンスを積極的に摑んできたのです。

与えられることを待つのではなく、チャレンジ精神と行動しだいで未来は変えられる、ということです。その積み重ねで、10年後20年後は大きく変わってくるのです。

人生の最高経営責任者（CEO）は、自分自身です。

「学歴がない」「もう若くない」といった自分への言い訳は、もう不要でしょう。

不満があるなら行動に移す。他者を批判するヒマがあったら、即行動です。

「残念な高学歴」よりも残念な人

この本を読んでいるあなたは、かつての私と同じく学歴に自信がないか、仕事において「先が見えない」「このままではマズい」と焦りを覚えているか、どちらかでしょう。

いずれにせよ、「現状を打破したい」という強い気持ちがあるはずです。

きっと、あなたは大丈夫です。

なぜなら自分を変えたい、現状を変えたいという向上心があるからです。

現状に対する焦りや不満があるということは、裏を返すと夢や目標がある、ということに他なりません。あるいは、しっかりした夢や目標を持ちたい、ということでしょう。

自分の夢や希望があるのに、現実がまったく異なっていたり、目標への進捗が見られないからこそ、人は不満を持ち、焦りを感じるのです。

目標もなく、「こんなものか」「別にいいや」と人生を諦めてしまった人は、現状に対する不満や焦りを感じることはありません。

そう考えると、何よりも残念な状況というのは、自身の過去に起因するコンプレックスが高じて、諦めや開き直りの境地に至ってしまうことです。諦めるということは、「このまま変わらない自分の人生」を受け入れてしまう行為ですから、将来を変えようがありません。そのため「このままクビにならなければいい」という現状維持の考えも危険です。

なぜそのような考え方がマズいかというと、自分で自分にレッテルを貼ることで、大げさにいえば「生きる活力」が奪われてしまうのです。

まだ残されている自分の可能性を試すことなく、潜在能力を発揮することもなく、ただ与えられた仕事をこなしていく――。

そういう日々を想像してみてください。ありていにいって、毎日が楽しくなくなるのは確実です。

諦めたり現状維持に走ることは、ポジティブな思考・行動を奪い去る行為ですから、当然自分の成長も止まります。

社会（あるいは周囲）はどんどん前に進んでいきますから、「このままでOK」と現状維持に走ると、あなたのポジションは自分が考えている以上に下がっていきます。現状維持でいいと考えた瞬間、現状維持すらできなくなるのです。

もちろん、自分自身が納得できる人生であればまったく問題ありません。しかし、誰もが平等に歳を重ねます。年齢とともに自分の可能性が狭まってしまい、納得できない人生になってしまったらどうでしょうか。

そういった負のエネルギーは往々にして自分だけではなく、周囲や外部にも向けられます。成功できないのは社会や会社が悪い。自分は被害者だ。サポートしてくれない上司や親が悪い。自信を喪失してしまい、成功しているヤツは許せないという妬みにも進展し、SNSを使って匿名で他人の批判に走ってしまう……。

これではいけません。

繰り返しますが、社会と周囲はどんどん前に進んでいるのです。

とりわけ私と同じように高学歴でもなく、キャリアのスタート時点で遅れているのならば、立ち止まったり諦めたりしている場合ではありません。悩む気持ちもわかりますが、行動に移して欲しいのです。現状は現状として正しく認識し、挑戦をしてもらいたいのです。

挑戦といってもいきなり大きなことを成し遂げろ、というわけではありません。小さな挑戦と失敗をつづけながら、小さな成功を積み重ねていく。**経験の数だけ「引き出し」は増えますので、自分のキャリアは必然的につくられていきます。**

今いる環境で這い上がるもよし、転職・独立するもよし、副業もよし、です。

たとえ学歴で負けても、夢や希望が遠くにかすんでいても、あなたの変わろうという気持ち、前に進む気概が変化をもたらすのです。

本章では主に学歴を上手く活用している人と、そうでない人のケースを見てきましたが、結局のところ、学歴だけで不安を払拭することはできませんし、それだけを頼って生きていくこともできません。

ですから、たとえどんな学歴であっても将来に目を向けてがんばる、ということに尽きます。

今からでも遅くありません。仕事で結果や実績を残し、少しずつ自分なりのポジションを築けば、自然と学歴を気にかけることはなくなります。

次章からは、その具体的なやり方について見ていきましょう。

第3章

学歴よりも学習歴

社会人になってからの学習歴

私のように学歴のない人間が高学歴の人たちと同じやり方で戦っても、不利な戦いになるのは明らかだったと、先に述べました。あるいは同じ学歴のライバルがいたとしても、その人と同じやり方が自分に合うかどうかはわかりません。

——では、いったいどのように戦えばいいのでしょうか。

私は大学時代から、社会に出てからのビジョンを真剣に考えていました。受験では勝てなかったが、人生の勝負はこれからだ、と。

そこで、まず「どんな人生を送りたいのか」について考えたのです。

目標としたのは「何ごとにおいても選択肢を複数持てる人生」です。自分で選び取れる選択肢を多く持つということは、裏を返すと「自由でありたい」ということです。

仕事だけではなく、時間やお金の使い方、住む場所、付き合う人間、自分を取り巻く

すべてにおいて、できる限り自分が選べる選択肢を多く持てる人生を送りたい。それによってストレスの少ない人生を送りたい。

このように20代半ばで将来を思い描いたのです。

とはいえ学歴や実力、お金……と何もない状態からのスタートでしたから、20代から35歳までの戦い方を以下の順に具体的に考えていきました。

・長期視点での時間の使い方
・人生における仕事の位置づけ
・長期的なゴール
・継続のためのモチベーション
・短期的なゴールへの分解

そもそも、なぜ35歳までと区切って戦略を立てたのか。20代は間違いなく修業期間ですが、30代からは徐々にアウトプットを開始する。そうして真ん中である30代半ば（35歳）にはアウトプットの結果として、プロとして活躍できるようになっていたいという思いがあったからです。

さて、先に挙げた20代から35歳までの戦い方を順に見ていきましょう。

まずは**「長期視点での時間の使い方」**です。

私は35歳までは仕事をすべてにおいて優先し、労働市場において自分の価値を確立する、と21歳のときに固く決めました。まだ当時は大学生でしたが、学歴で「出遅れている」という認識があったためです。とにかく35歳までは圧倒的に働いて経験を増やし、仕事に生かせる知識を徹底的に吸収する。そして35歳以降はプライベートを含めた生活や人生を充実させる、と決めたのです。

このように35歳までは仕事一辺倒を自分に課すわけですから、**「人生における仕事の位置づけ」**も考えておかなければなりません。

そこで、「仕事は自分にとって社会との接点であり、職業人としても人間としても成長できる鍛錬の場。そして将来の選択肢を増やしてくれるもの」と位置づけました。

ここまで思い描いたうえで、**「長期的なゴール」**を考えます。

やる以上は絶対にトップに立ちたい、すなわち経営者になりたいと、長期的なゴールを私は思い描いたのです。

――で、その先は何をすればいいのか。

私の長期的なゴールは経営者といっても、漠然としていましたから、次に大切になってくるのは**「継続のためのモチベーション」**です。

まずは経営者が書いた本を片っ端から読みました。それこそ本屋にあるもの全部という勢いで読み込み、友人の父親で経営者の方にも無理をいって、話を聞く時間を頂戴しました。経営者という長期的なゴールをリアルにするために、どんどん自分を追い込んでいったのです。

憧れを憧れで終わらせないためには、やはり行動です。リアルな想像なくしてモチベーションは上がりませんし、誰かが何かを与えてくれるわけではありませんから、夢や目標を身近に感じられるためのアクションは必須なのです。

夢は具体化すればするほど具体的なイメージと課題が見えてきます。そんな好循環をつくれるかどうかが勝負です。そのため私は、いわゆる経営者のなかでも起業家ではなく、プロ経営者になりたいと思い描くようになりました。

ここでいう起業家とは、みずから会社を興し、株主兼経営者として事業に携わるものので、ソフトバンクの孫正義氏や楽天の三木谷浩史氏をイメージしていただくと、わかりやすいと思います。

一方で私が目指したプロ経営者というのは、会社に経営者として外部より招かれ、事業運営に携わるものです。ここではサントリーの新浪剛史《にいなみたけし》氏、元ミスミの三枝匡《さえぐさただし》氏をイメージしていただくと、わかりやすいでしょう。

私はプロ経営者になりたいと、強く思い描いたのです。

こうして具体的なイメージと課題が見えてきたら、最後に**「短期的なゴールへの分解」**です。

私の場合、プロ経営者になるために、まずはやるべきことを大きく2つに絞りました。経営を学習と実践の両方で学ぶ必要があると認識したのです。

まず経営の学習については大学院への進学も考えられますが、金銭的な事情もあってフルタイムの学生をやるわけにはいきませんでしたから、まずは仕事をしながら自分で勉強、という手段を選択しました。

経営学はＭＢＡコースのカリキュラム内容に集約されていますので、経営戦略、マーケティング、組織論などのＭＢＡ科目の中から、学んでいく優先順位を検討しました。そこですべての基本となる（と当時の私が考えた）会計や財務から学習をスタートすることにしたのです。会計と財務をマスターした後は、ＭＢＡ科目全般へと学習を広げていきました。やがてＭＢＡで学ぶ科目の大半を網羅した関連資格（ＣＭＡなど）も取得したため、学習面での集大成として28歳でＭＢＡ留学したのです。

一方、実践面として経営を学ぶ手段とは、就職した会社の仕事を通じて学ぶ、ということです。大企業に入って下から時間をかけて上にあがっていく、またはベンチャーや小さな企業に入って経営の最前線ですぐに揉《も》まれる、あるいはコンサルのような専門職として外部から経営に触れる、などと勤務先によりいろいろ考えられるでしょう。

私は自分にフィットしそうで、学歴的にも現実的な選択肢だったため、新卒からベンチャー企業に飛び込んだ、というわけです。

その後、海外でＭＢＡを取得した私は、「自分に足りない部分＝次の小さな目標」が見えていたため、29歳で戦略コンサル会社へ入りました。

「ベンチャー企業勤務＝固有の会社の事例しか知らない」よりは、戦略コンサル会社でより幅広い業種、会社規模・課題に対応できるスキルと経験を身につけ、将来の選択肢を広げたいという狙いがあったのです。

自分の市場価値をどう高めるか

こうして私は、プロ経営者になるために、学習と実践を通じて経営を35歳まで学びつづけました。自分の市場価値を高めるべく邁進したのですが、それ以外にも心がけていたことがあります。

私は毎年職歴書を書いて、自分の進捗（スキルアップ）管理をしていました。

定期的に転職エージェントの方たちと会い、労働市場における自分の市場価値を確認していたのです。とくに毎年年末近くになると転職の意思のあるなしにかかわらず、複数の転職エージェントの方たちとディスカッションの場を設けていたものです。

転職エージェントによっては得意・不得意な業種や分野があります。そのことを踏まえ、複数のプロの視点を得て、自分なりの判断をしたかったのです。もし複数のエージェントと付き合うのであれば、次のような流れが理想的でしょう。

・まずは幅広く会ってみる（大手だけではなく、小さな事務所で実績のあるところはチェック）
・得意分野やエージェント個人の強みや質を見極めて選定する
・徹底的に議論をして、意見交換できる場を築く

もちろんディスカッションするだけではなく、実際にエージェントの情報や支援を通じて、戦略コンサル会社への転職を果たすこともできました。

また日々の情報インプットとしては、日経新聞をはじめとする国内新聞だけでなく、NewsweekやBBC、CNBCなどの海外メディア、専門企業のサイト（たとえばマッキンゼーなどの戦略コンサル会社で公表される最新の経営トレンド）をチェックするようにしました。あるいは投資銀行のサイトで金融市場の動きを探ったり、気になる消費トレンドがあれば実際に店に行って観察してみたりなど、貪欲《どんよく》に経営情報を吸収していました。

そうした情報を駆使して、今後のトレンドを自分なりに予想していたのです。業界

や企業が今後どうなるか、自分なりの考えを持つようにしていました。たとえば現在の社会現象やトレンドは一過性のブームなのか長期的なのか、自分にどう関わってくるのか、と考えていくのです。

そうした情報インプットのおかげで、2005年頃のベンチャーブーム、IPOブームの際には最前線にいることができました。

また、2007年のサブプライム危機が顕在化してきた後は、以前のブームは長期的に鎮静化し、企業再生や再編がメインテーマになる可能性が高いと考え、その分野に強い戦略コンサルに入ったのです。このときは海外にいたため、日本のメディアよりもシビアな見方をする報道が多かったこともあるでしょう。

このように大きなトレンドを見据えたうえで、どこで勝負するか、何を学ぶか、を自分なりに判断してきたのです。

前項と本項では、プロの経営者になるための私の学習歴を振り返ってきましたが、やはり、何よりも自分なりのゴールを決めることです。「長期的なゴール」を考えたうえで、「短期的なゴール」を決めていくのです。

まずはゴールを定めないと、何もはじまりません。

年齢とともにゴールが変わることもあるでしょう。それでもいいのです。今時点でのゴールを決めるのです。そのうえで、やるべきことの優先順位をつける。その手段として考えられる選択肢を列挙して選択する。

最初のうちは遠いゴールよりも身近なゴールで十分ですし、その過程で見えてきた景色に応じて柔軟に軌道修正を行えばいいのです。

ただし、最終的なゴールをどんどん変えてしまっては元も子もありませんから、最終的なゴールはよほどのことがない限りは変えずに、そこにたどり着くまでの「小さなゴールや学習対象、学び方は微調整ＯＫ」という意味です。

漠然とした夢でも突拍子もない夢でも構わないので、長期的なゴール（大きな目標）が決まれば、おのずと逆算でやるべきことと手段が見えてきます。目標があるからこそ情熱が湧き、行動に移せます。

裏を返すと、目標に向かって行動に移せないのは、その目標がたんなる思いつきか、自分の中で腹落ちしていない、ということです。

たとえば金持ちになりたい、ビッグになりたい、自由になりたい、という多くの人

は、「じゃあ何をどうやって」まで落とし込まずに、漠然と毎日を過ごしてしまっています。これでは、たんなる憧れです。

そうではなく、具体的な行動にまで落とし込める目標を持っていただきたいのです。まずは人生観を考える。**どんな人生を送りたいのか、その中で仕事をどのように位置づけるか。そのためにやるべきことは何か。どのような手段が考えられるのか。そうして、あとは行動あるのみです。**

少しでも行動に移すと、次の課題が見えてきます。さらに行動すると、また新たな課題が見えてきます。行動が行動を生むのです。すると不安や焦りが消えて、充実感が生まれてきます。そんな好循環にまで、自分を高めていくべきなのです。

社会人を待ち受ける4つの「罠」

ここであなたは、まずは自分なりのゴール（長期的・短期的ゴール）を明確にしたと仮定します。

では次に何をどう学ぶべきか、具体的行動に落とし込んでいきましょう。

しかし、なかなか行動に移せないというのも現実でしょう。こと社会人になると、一日の仕事を終えて帰宅すると、ぐったりと疲れていることでしょう。リモートワークであっても、やるべき仕事は山積しているのではないでしょうか。とにかく一日があっという間に終わってしまう。時間がない、体力、気力も……と。

まず大切なことは、社会人としての「学習の特徴」「学習環境」をよく理解したうえで対策を練る、という点です。

学生と社会人では、学びにおいて決定的な違いが4つあります。

・学習は自己の責任であり、カリキュラムがない

社会人の学習といえば、仕事を通じたＯＪＴ（企業内教育）がまず頭に浮かびますが、会社で提供される以外の学習については、あくまで自分しだいです。

誰かがマニュアルやカリキュラムを設定してくれるわけではなく、何を学習するかしないかは、すべて自己に委ねられています。

・時間の制約が存在する

一日の大半の時間は仕事に費やされます。人によっては長い通勤時間もあれば、職場や友人との付き合いもあるでしょう。そうするとメインは仕事関係、サブに学習となりがちです。あるいは結婚や子育てといった人生のイベントもあるでしょうから、年齢とともに割ける時間はどんどん少なくなっていきます。

・学習の進捗や成果が見えにくい

偏差値や合否といった進捗や成果が明らかな学生とは異なり、社会人の学習効果はなかなか目に見えません。どんなに学習しても誰かが評価してくれるわけではないので、その進捗や成果は見えにくいのです。強いていうなら、キャリア強化や人生の充実となりますが、明確な到達地点やゴールがないという特徴があります。

・過剰な期待を抱きがちになる

学習によって人事評価につながったり、資格取得が転職の武器になったりするのでは……といった、「人生一発逆転の発想」につながりやすく、往々にして学習に対して過剰な効果を期待してしまいます。転職に備えて「保有資格の欄を華やかにしたい」といった理由も考えられますが、学習効果や資格取得効果に期待を抱きすぎている人が多いのです。

いかがでしょうか。

社会人の学習にはマニュアルやカリキュラムがないので、なかなか行動に移せませんし、時間制約があるために、ついつい後回しにしてしまいます。資格取得や英語のスコアだけを学習だと勘違いしたり、仕事とは関係のない分野をあれこれ勉強しつづける羽目になる危惧もあります。

どんなことでも学ぶことは悪いことではありませんが、忙しい社会人がやるからには、ベストな形で学習に対峙したいものです。

社会人として自分に学習を課す以上は、労働市場において自分の価値を高められるかどうかが勝負の分かれ目です。

先の4つの特徴は、社会人が「陥りがちな罠」ともいえます。その特徴をしっかり認識したうえで、何をどう学習すべきかを考えていくべきなのです。

忙しい社会人は「何を」「どのように」学ぶべきか

では社会人の学習の特徴を踏まえて、何を学べばいいのでしょうか。

それは「一職業人として自立できるレベルのスキル学習」です。スキルを学ぶ理想形は、仕事と学習をリンクさせること、つまり仕事と関係のある学習をメインにするということです。

社会人には時間の制約がありますので、**「学習×実践」の両輪でひとつの道を究めるというのが理想でしょう。** 裏を返すと「今の仕事が不満だから、関係のない資格取得でがんばってみる」では、人生が好転するチャンスは低い、ということです。

現在の仕事と関係がないことを学習すると、いずれは優先順位がどうしても下がってしまいます。身が入らない、他へ目移りしてしまう、忙しくて継続できない、などと。

英会話スクールに通ったが、結局つづかないし、いつまでも上達しない。もう何年も会計士資格取得スクールに通っている……。

いずれもよくあるパターンです。学んだことを生かす場所がないと、ふだんの生活や仕事とは直接関係がないことなので、ついつい後回しになってしまうのです。

スキルアップのための学習とは、仕事において結果を出す手段であり、目指すべきゴールに近づく手段です。学習したことを仕事で生かす、仕事で学んだことを学習によって理解を深める。学習と実践の両方で学ぶことによって、知識を知恵に昇華させる流れをつくりたいものです。

前項で述べた通り、進捗や成果が見えにくい社会人の学習だからこそ、学習の成果を仕事で試し、さらに深く学習するというループが理想です。

ですから、自分が熱くなれると思える仕事をまずは探す、次に仕事に関連する分野での学習を行うという順序が、本当は理想なのです。あるいは学習している分野があるのであれば、仕事もその分野にする、くらいの気概を持っておくべきです。

学習と仕事がバラバラなのに両立を目指すと、どちらも中途半端になりかねません。

私の場合は先述した通り、当初は経理や財務の仕事をしていましたので、その頃の学習も将来は経営者になりたいというゴールと相まって、管理会計を中心としていました。すると予算策定や実績分析、資金調達やM&A業務といった仕事に、学んだことをどんどん生かすことができました。

仕事の実務は特定案件（事例）に偏りがちになりますが、学習によって俯瞰《ふかん》する目が養われます。一般事例やバックボーンとなる理論を学習で補うことができたのです。学習と実践の両輪があったからこそ、戦略コンサル会社にも移れましたし、理論をもって考え、説明・説得するという業務にも役立ったのです。

まず考えることは、学習が仕事につながり、仕事での実務が学習をより深める、という成長のループです。忙しい社会人だからこそ、最小の期間で最大の成果を出すべく、学習と実践のループを意識すべきなのです。

ただし、ひとつだけ注意してください。

学習に固執しすぎないことも重要です。

もちろん自分が選んだ道を追求する姿勢は大事なのですが、その方向性は今でも有効なのか否か、学習の先に「光」が本当に存在するのかを定期的にチェックしてください。目移りしてOKという意味ではなく、場合によっては学習対象を臨機応変に変える、あるいはゴールそのものを臨機応変に変えるという柔軟性も大事なのです。

一度選んだ進路を変えることが苦手であったり、躊躇したりする人は多いでしょう。これまで学習に費やした時間や費用が大きくなればなるほど、「せっかく学んだのに」「もったいない」「今さら引き返せない」と躊躇するのは当たり前です。

それでも社会人の学習においては、「撤退する勇気」も必要なのです。**ケチな考えに囚われすぎると、大きなダメージを負ってしまいます。撤退しなかったために、より多くの時間とお金、労力が無駄になる可能性もあるのです。**

自分を取り巻く環境や、自分の価値観は変わるものですから、状況に応じて方向性を変えたり、社会情勢や市場のチェックを行う必要があります。まわりを冷静に観察し、労働市場の動きを注視して、どこにチャンスがあるのか、自分の前提は崩れていないのかといったことを定期的にチェックする必要があるのです。

モチベーション×時間×効率

仕事と学習をリンクさせる重要性の次は、どう学ぶべきか、です。

ここでは、**継続するための「モチベーションの保ち方」「時間の使い方」「効率よく学習するためのポイント」**について順に見ていきましょう。

まずは、いかに**学習のモチベーションを保ちつづけるか**。

ポイントは、いかなるときも長期的な視点を忘れないことです。モチベーションを阻害するいちばんの要因は、短期的なノイズによる迷いです。たとえば、なかなか学習の成果が上がらず気が滅入る、仕事が以前よりも忙しくなった、人間関係が広がって時間が割けなくなった……。あるいは、他人のアドバイスによって他のことに心が動かされたり、迷いが生じた、といった状況です。

そういった短期的なノイズに左右されないように、長期的視点を持つこと、つまり「ゴール＝理想の自分の姿」を忘れないことが大切です。成功した自分、ゴールにたどり着いた自分の姿をつねにリアルに感じられる状態を保つことが大切なのです。たとえば私の場合は、「プロ経営者になる」が当時のゴールでしたから、その道における第一人者や先駆者の研究を通じて、短期のノイズによって振り回されたり、近視眼的にならないように心がけていました。

具体的には本を読んだりセミナーに足を運んで話を聞くなどして、つねに身近にゴールを感じる仕組みづくりをしていたのです。経営者を起業家とプロ経営者、日系企業・外資系企業という括《くく》りで分けて、それぞれのジャンルの本を読んでは、さらに理解を深めるべくセミナーや講演会にも足を運んでいました。

「目標はプロ経営者」といっても、どうしても漠然としてしまいますから、自分なりに分類・細分化・具体化して、自分はどうなりたいのか、どうやってそこにたどり着きたいのかを、情報をインプットしながら具体的に考えつづけました。憧れに終わらせない、モチベーションを落とさないために、です。

当時は駆け出しの社会人の身分ですから、経営者なんて直接的な知り合いにはほとんどいませんでした。そのために本やセミナーの「疑似体験」を通じてモチベーションの維持に努めていた、というわけです。

次に、**学習するための時間の使い方**ですが、これは長期的な視点と短期的な視点があります。まず長期的な視点とは、私の例でいうと35歳までは仕事と学習を最優先し、以降は人生の幅を広げるべく趣味や人間関係の時間をどんどん増やすといった、人生設計としての時間の使い方のことです。

ダラダラと芽が出ない分野で学習しつづけるのを避けるべく、「○○歳までは挑戦し、ダメなら諦める」という人がいますが、これも同様です。

あらかじめ修業期間、先行投資期間を限定的にすることで真剣にもなれますし、何より致命的な重傷を負わずにすみますから、ある意味リスクヘッジになります。

社会人の学習はカリキュラムがないため、ストップしてくれる人もいないのが現実ですから、期間限定という「強制ストップボタン」を自分で持っておくことも大事なのです。

そして短期的な視点ですが、これは日々の24時間をどう配分するかということです。もちろん20代と30代、40代の時間の使い方は変わってしかるべきですから、年齢や仕事・家庭の状況に応じて時間配分を決めるべきです。

私は大学1、2年の間は英語学習を最優先事項とし、英語だけで1日3時間学習すると決めました。1日24時間のうち3時間は先に確保してしまい、残りの21時間で他のことをするという「時間割」です。集中して取り組んだおかげで、留学はおろか海外にも行ったことがないにもかかわらず、大学2年生のときにTOEICスコアは900を超えました。

このように学習の中でもとくに（こなす）物量が多いものや暗記ものは、日々の生活にルーティンとして先に組み込んでしまうことが大切です。逆算の考え方、ですね。最優先事項ですから、なんとしてでも時間を捻出する。遊びに行きたければ3時間学習を終えてから、寝たくても3時間学習をこなしてから、という感じです。

社会人であれば通勤や勤務時間を差し引いたうえで、帰宅後に毎日3時間などと先に確保しておくことが重要です。24時間をどう使うかは工夫しだいですし、当然本人の自由です。私のように意志の弱い人は強制的に必要な時間を差し引いてしまい、もともとなかったことにするのがいちばんです。

そして最後に、**効率よく学習するためのポイント**です。

社会人の学習ですから試験に受かればいいわけでもなく、知識を得ること自体が目的でもありませんから、知識を知恵に昇華させて具体的業務や課題解決に活用するという意味での効率です。

大事なのは前項で述べたように、実際に使えるスキルとするために、アウトプットすることをつねに念頭に置いて学習することです。同時にアウトプットのイメージが湧かない分野は、後回しにしてOKです。

単純にいうと、学んだら学んだままにしない、仕事したら仕事したままにしない、情報に触れたらそのままにしない、ということです。時間を空けてしまうと、学んだことを忘れてしまうので非効率です。費やした時間をキチンと自分の武器にまで落とし込むマメさや執念が重要、ということです。

たとえば簿記や会計を勉強するというと、教科書の順にはじめることが多いと思いますが、業務に関連する科目から順番に学んでみる、あるいは業務で携わった科目を集中的にやってみるといった工夫が必要です。

　また英語学習でしたら、やたらとリスニングのために映画を見る人もいますが、ただ漠然と好きなものを見るのではなく、あなたが病院勤務や弁護士事務所勤務なら、そういった場所が舞台となっている映画やドラマを見て、単語や言い回しを覚えたほうが効率的です。私は大学3年生のときに短期の海外留学をしたのですが、大学を舞台とした映画を見てリアルな表現を学んでいましたので、最初から普通にコミュニケーションが取れたものです。

　インプットとアウトプットがリンクしていれば具体的なイメージが湧きますから、おのずと学習効率もアップするというわけです。

　このようにモチベーションの維持、限られた時間の有効活用、効率性重視は、社会人の学習においては不可欠なものなのです。

学び方をどう工夫するか

社会人の学習は、単純にこなせばいい物量勝負や暗記ものばかりではありません。基本や理論を学ぶフェーズでは費やした時間・物量に比例する部分がある一方で、応用編では頭を使う（=工夫する）ことが求められます。

たとえば、社会人の学習の王道である英語学習を考えてみましょう。語学という性質上、単語を覚えて基礎体力をつける段階、組み合わせとしての文章の型に慣れる段階、そして基本の型と単語を組み合わせて自由自在に操る段階があります。

単語を覚える期間から文章の型を覚える期間は暗記と慣れが中心ですから、これらは時間投入して集中的に反復学習することが必要です。私は学生時代に英語だけに毎日3時間を費やしたといいましたが、まさに単語学習と文章の型を覚えていた段階です。

社会人の語学は文章にして相手に意図を伝える、会話のキャッチボールをすることが最終的なゴールですから、語彙力を増やすとともに、反復練習を日課にすることが大切です。この段階は時間投入・物量勝負ですから、暗記した者の勝ちです。

ちなみに試験突破が目的でない場合は、英検1級で問われるようなマニアックな単語の暗記にこだわらないことも重要です。リアルなビジネスシーンで使うことがないような単語は、わからないときはスマホで調べればすむレベルですから、スルーして構わないでしょう。細部に時間を食われすぎないことのほうが重要です。

一方、単語や文章の型の暗記フェーズを過ぎて、単語を組み合わせて文章化する段階で必要なのは、暗記力ではなく想像力と工夫です。

日常生活やビジネスシーンでは、文法でマルやバツが付くわけではありませんので、伝わればいいですし、自分で理解できればいいのですから、たとえば Can I talk to him? の回答が Could, if he were here. といわれても「あぁいないのね」と理解できれば、それでいいのです。暗記の箇所は真面目に丸呑み、応用の箇所はおおよそでOKなのです。

では、ＭＢＡ科目（経営戦略論やマーケティング）の学習はどうでしょうか。

ここでもゴールは使うことありきで、暗記をすることではありません。たとえば経営戦略の型を覚えたりするだけでは仕事に生かせませんから、やはり大切なのは応用、つまり知識を知恵にまで落とし込む、ことです。

経営戦略を日常的な知恵にするというと、「ふだんの業務ではなかなか……」「ＭＢＡや専門学校に通わないと」と考えるかもしれません。

そんな心配は無用ですし、お金をかけることだけが学習ではありません。

たとえば経営戦略論の本で差別化戦略や資源戦略を学んだ際は、実際のニュースで目にした企業の動きをそれに照らし合わせて考える癖（習慣）をつければいいのです。「コアコンピタンスベースで考えると云々」といわれてもちんぷんかんぷんですが、「〇〇会社がやっているように云々」と、実際の事例を自分の中に落とし込むのです。自分の頭で考えて整理した事例であれば、知識を知恵にすることは意外とスムーズです。

参考書からの学習だけではたんなる知識止まりですが、実際のニュースや仕事を通じた実践と組み合わせて、応用可能な知恵にするのです。

私はかつて戦略論やファイナンス、マーケティングの参考書を読み込み、基本理論を紹介するページに実際例のキーワードを自分で書き込みました（M&Aのニュースや新規事業のネタ、海外進出などの実際の事例）。そうして参考書を自分仕様にカスタマイズして、知識を知恵にする努力をしたのです。その際、今月はM&Aについて、来月は製品マーケティングについて、などと期限を区切ってテーマごとに研究することを心がけていたのです。

また応用という意味では、特定の分野で学んだことを他の分野にも当てはめて考える癖をつけると、自分の知恵となるスピードが高まります。

たとえば、経営戦略論で学んだポジショニング理論やリソースベースドビューを転職活動に当てはめてみるのです（「労働市場という市場における自分＝一企業と競合＝他の転職者との戦い」と捉えてみる）。あるいはマーケティング理論を恋愛に生かしてみるなど、いろいろと考えられるはずです。

私が戦略コンサル会社への転職を考えていた際は、「戦略コンサルの世界を知る」をテーマにして、世の中にある戦略コンサル会社出身者が書いた本はほぼ読破しました。また現役社員の特徴を知り、自分を売り込む方法を考えるために、有名コンサル会社全社のHPをチェック（主要メンバーの経歴が載っているケースが大半）し、実際に戦略コンサル出身者にも話を聞いたりしたものです。ベンチャー経験で学んだことをどのように応用するかを考えつづけ、戦略コンサル会社に転職したのです。

いずれにしても基本や理論は、本やテキストに触れるという意味での学習ですが、その先の応用・実践は、日常生活や仕事で触れる情報を活用することが効率につながります。

もちろん実践でわからなかったことや、はじめて触れたことを学習面で補完するという双方向性が重要であることは、いうまでもありません。

「毎日の仕事は同じことの繰り返し」

「ただ目の前の業務をこなしているだけ」

などと、日々の業務は下手をすると退屈なルーティンになってしまいます。

そんな際は、まず業務に関連する学習をはじめてみることです。学習と実践が組み合わさることで、自分なりの引き出しと知恵が増えていきます。するとルーティンがルーティンでなくなり、あなたの眠っていた向上心がむくむくと湧いてくるのです。

うように設定）

・通勤時間は勉強にあて、帰宅後も勉強。睡眠はおおむね3時間程度。土日もいずれかは出社。祝日も勤務で休みなし。行きたいセミナーなどがある際は、仕事を途中で切り上げて参加
・ヘッドハンターや異業種（主に外資系投資銀行マン、戦略コンサル）との交流は定期的に実施。とくに戦略コンサル出身かつ事業会社のプロ経営者の方や、起業家、その他興味深いキャリアの方（投資家兼大学で教えている人など）には、知り合いを通じて紹介していただき、積極的に交流

【 28歳 】

・1年間MBA留学。ケンブリッジ大学大学院でMBA取得

【 帰国後～35歳 】

・戦略コンサル会社に勤務。業務や打ち合わせによるインプット中心
・3か月連続出勤もこなすなど、家にはシャワーと睡眠2時間程度のためだけに帰宅する毎日。朝5時からのミーティングも頻繁にあった
・帰宅時にタクシーの利用が可能になったこともあり、おおむね9時～27時は仕事。プロジェクト期間中は週末・祝日の休みなしが基本。プロジェクトの合間の期間は、外部との私的な打ち合わせ（転職エージェントや異業種の方との意見交換など）
・座学的なインプットはMBAを集大成としたので、この時期はプロ経営者や専門家との交流を意識し、ディスカッションを通じて知恵を磨く

参考・私の学習歴

【大学生】

- 1年次：英語1日3時間
- 2年次前半：上記プラス英文簿記や会計の勉強1時間。この時期TOEIC900点を取得
- 2年次後半：英語1時間、会計や財務2時間、その他経営学関連の勉強1時間。就職雑誌や各種メディアを通じて、就職事情や経済状況への目配りを開始。後者は日経新聞やNewsweekからスタート
- 3年次：会計や財務1時間。その他の経営学の勉強（グロービスのMBAシリーズや経営者の本、海外のMBAで使われている教科書）を2時間程度。海外大学経営学部へ1年弱留学し、Honor Studentとして表彰される
- 4年次：主にCertified Management Accountantの財務会計資格の勉強をする

【社会人〜27歳】

- 業務に関連して、以下の資格取得のための勉強および各資格を取得
  Certified Management Accountant（管理会計）
  Certified Financial Manager（財務。今では上記資格と統一されている）
  Certified Cash Manager（資金繰り、キャッシュマネジメントに関わる資格）
- 中小企業診断士などの資格の教科書を買い、資格取得のためではなく業務知識として勉強。またMBA留学のための準備（GMATなど）を開始
- この時期（27歳まで）の勤務時間は、朝7時〜おおむね23時（通勤の終電が東京駅発23時55分かつ近所のスーパーの営業時間が25時までだったため、双方に間に合

第4章

学歴に頼らず仕事で成功するために

それでも進むべき道が見えないなら

学歴や会社名、年収、肩書といった、わかりやすい指標にすがらない。人と比べない。それよりも自分の目標やゴールを定めて、自身の成功に向かって人生戦略を練る。これまで述べてきた通り、これが成功への唯一の道なのです。

とはいえ、自分なりのゴールを決めることが難しいと感じている方も、まだいらっしゃるでしょう。そもそも「やりたいこと」「成し遂げたいこと」がわからない、と。

実際に会社勤めをしつつも「何かが違う」という違和感を持ちながら、何が違うのかがよくわからない、大きな目標を持って進んでみたものの、どうも最近はモチベーションが湧かずに悶々としている……。きっとそういった人は多いと思います。とくに若い頃は、理想と現実のギャップに阻まれます。

こういったパターンで特徴的なことは、3つあります。

・リセットが下手
・自分をよく理解していない
・現実的な選択肢を理解していない

まずは、**「リセットが下手」**という特徴を見てみましょう。

今、目の前にある仕事や、過去の選択が「一生もの」であり、リセットしたり変更することが失敗や敗北を意味する——と、真面目に考えてしまっている人が多いのです。

一度入った会社は辞めずにがんばる、最初に選んだ職業をまっとうすべく努力をする、資格取得を目指せば何としてでも取得するまではがんばる、夢は決して諦めない……。

本書で繰り返し述べていますが、仕事や人生を取り巻く環境が変わった場合は、求められるのは臨機応変な対応です。状況によっては、思い切ったリセットも重要なのです。

そもそも新卒の20代で入った会社や選んだ職業というのは、限られた情報や経験、能力で選んだ会社・業種ですから、それが未来永劫あなたにとってベストであるかどうかは怪しいと考えるべきです。

何年も資格取得のために専門学校に通っている人も、本当にその道が自分にとって合っているのか、今の年齢で取得したとしてもその先はあるのかを見極める、冷静な目を失ってはいけません。

一度選んだらまっとうするのが筋、みたいな変な美学ではなく、冷静に今もその前提が通用するのか、他に選択肢がないのかを見極める必要があります。そうでないと、ただの自己満足であり、自己犠牲でしかありません。**これまで費やしたお金や時間がもったいない……などとケチな考えにこだわると、ときとして命とりになります。**

努力をすることは大事ですが、報われない努力をしてはいけません。

勝算のある努力なのか否かの見極めは、とても大事です。

前提が変わった、自分の価値観が変わったといった場合は、躊躇せずに過去の選択肢を変える勇気を持ちましょう。

次に、**「自分をよく理解していないこと」**についてです。

今の仕事に悶々としながらも、なぜか「何が不満なのか」を理解する努力や工夫をしていないことが多々あるのです。たとえば、今やっている仕事に対して定期的に「満足している点」「気にしない点」「不満な点」を洗い出して、自分の中で仕事を整理している人は稀でしょう。

これは絶対にやるべきです。

私は自分の成長を整理すべく職歴書を書きつづけていたと申し上げましたが、まさにそれは自分を知るための整理であり、自己との対話です。これをしないと、違和感を抱えていても何も行動を起こせませんし、いつまでも誰かが何かをしてくれることを期待してしまいます。

先述したように私は、35歳までは毎年年末近くになると転職の意思のあるなしにかかわらず、複数の転職エージェントの方たちとディスカッションの場を設けていました。これは労働市場における自分の価値をチェックするためですが、年末は自分の1年間の成長を振り返って、来年の目標の微調整を行っていたのです。

違和感が違和感のままでは何もはじまりませんから、「なぜ自分は違和感を持っているのか」を突き詰めて考えてみましょう。おそらく「やりたいことがわからない」という人は、なにごとも中途半端にしかやっていないのです。まずは無料なのですから、転職エージェントとコンタクトを取ってみるくらいのアクションは起こすべきです。

考えてみれば、一般的なサラリーマン以外の職業（スポーツ選手や料理人、歌手、技術者、学者……）の場合は、とことん突き詰めてやってきたから、その仕事で収入を得ているのです。サラリーマンだけ例外なんてことは、同じく収入を得ている以上はありえません。

私が35歳までは圧倒的な時間を仕事や学習に費やしたのは、とことんやってみる、１２０％の力を入れてみることで、「自分が見えてくる」と信じていたからです。

期間限定でいいのです。

「まず1年間は、これだけやってみよう」と、真摯《しんし》に向き合うことで、仕事の向き不向きがわかりますし、「やりたいこと」もおのずと見えてきます。フィットすれば先に進めばいいですし、そうでないと感じたなら、他の分野に行くべきです。

私自身も経営の勉強を開始したときは、まずはマーケティングを勉強してみました。

関連する本や参考書、専門家の本を何十冊と読み、その手のセミナーにも行ってみました。しかし「数値を扱うスキルがあってこそのマーケティングではないか」と感じ、学習を会計や財務に切り替えた経験があります。

違和感を違和感のままにせず、一度とことんやってみる。

そのうえで何が満足で何が不満なのか「棚卸し」をすることで、やりたいこと、やるべきことが見えてきます。期間限定で何かを突き詰めた結果、たとえ軌道修正したとしても、無駄にはなりません。自分の向き不向きがわかりますし、学習する習慣にもつながります。

では最後に、**「現実的な選択肢を理解していない」**という特徴を見てみましょう。

「やりたいことがわからない」と悶々としている人に限って、自分にとって何が現実的な選択肢かを理解していないことが多々あります。

知らず知らずなにごとにも、受け身になってしまっているのです。

私が転職エージェントと定期的なディスカッションをしていた話をしましたが、それは現実的な選択肢を目の前に並べて、「今の自分」と比較検討するためです。

レストランでメニューを選ぶ、買う洋服を選ぶ、住む場所を選ぶ、付き合ったり結婚したりするパートナーを選ぶ。なのに、なぜ仕事だけは選択肢を設けないのでしょうか。与えられた現状が当たり前だと、思考停止していないでしょうか。だから「仕事がつまらない」「やりたいことではない」と、不平不満が生まれてくるのではないでしょうか。

今いる会社や部署で何ができるのか、転職するとしたらどんな会社や職種が候補に挙がるのか。まずは目の前にリアルな選択肢を並べてみることです。

自分の好き嫌い、向き不向きを考慮して、そのうえでリセットすることを恐れずに行動を起こすのです。

いかがでしょうか。

進むべき道を迷っている方は、これら3つの特徴を理解して対処することが重要です。「やりたいこと」「成し遂げたいこと」は、行動せずして見つかりません。

自分を客観視し、リアルな選択肢を考える。そのうえで、失敗を恐れず行動する。いざとなったら、リセットすることも恐れない。自分の進むべき道に、ショートカットはありません。やはり試行錯誤によって、確実に見えてくるものなのです。

自分の「ポジション」をつねに意識する

次に、労働市場における「あなたの市場価値」「自分のポジション」について、見ていきましょう。

仕事におけるポジションというと、会社内における役職（ポジション）に就き、どんどん昇進していくことをイメージする方が多いかもしれません。

ここでいうポジションとは、「労働市場における自分の相対的なポジション（あなたの市場価値）」のことです。つまり、会社内の「上下」という意味ではなく、会社の内外を問わず、自分のスキルとライバルを客観的に知るということです。

といいますのも、自分の会社内のポジションは理解していても、労働市場一般のポジションは理解できていない方がとても多いからです。

たとえば導入研修・ＯＪＴなどの社内教育や、モデルケースとしての昇進イメージ（たとえば26歳でシニアアソシエイト、30歳でマネジャーなど）は、誰もが把握していると思います。

しかしこれらは、平均的な社員向けの教育、平均的なモデルケースであり、その会社が前提とする能力や知識にもとづいています。

したがって、その通りに必死に学び、その通りにスムーズに昇進すれば万々歳かというと当然そんなことはなく、あくまでも「その会社における平均に達した」というレベルでしかないのです。

もっというと「普通にがんばっても、たどり着く先は皆一緒」ということです。社内基準の平均点。そこを基準にしても、労働市場、他社で通用するとは限りません。

社内の基準を余裕でクリアできる人もいるでしょうし、かなり苦戦する人もいるでしょうが、いずれであっても、その基準は「一企業の平均点」ですから、ゴールとはなり得ません。

かつて私が勤めた戦略コンサル会社では、新卒や中途入社で入った社員向けの研修があり、簿記や証券アナリストの資格取得、ＭＢＡ科目などの学習面に加えて、ＯＪ

Tもあり、入社後も折々に社内外の試験をクリアする必要がありました。

未経験者でも総合的に学べるようにといった配慮のもと、カリキュラムは組まれているわけですが、大事なことは、やはり平均を意識したカリキュラムであることです。まさに「平均的な人が平均的なレベルになれる」ということを意図したカリキュラムなのです。

カリキュラムが余裕であり、もっと上を目指したい場合はさらに努力をするべきですし、アップアップしながら達成しても、ようやく平均になれたわけですから、そこで満足している場合ではありません。

学歴のない人が高学歴の人と同じ方法で戦っても負ける可能性が高いと、本書の冒頭で指摘しましたが、やはり自分の相対的なポジションを正確に把握しておくことが重要です。

そのうえで、自分なりのベストの戦い方を考える。

私は就職氷河期・ITバブル崩壊後という時代において、まずは自分自身が学歴という面では相対的に劣っているという、相対的ポジションを把握することからはじめています。そのうえで、高学歴や多くの学生は大企業志向であるという仮説のもと、私はあえて当時敬遠されていたベンチャー企業に飛び込み、なおかつ「給料は要らないので、24時間修業させて欲しい」とみずからを売り込んだのです。

つまり就職活動で自分の相対的なポジション（学歴・資格なし。成績や経歴では勝負できない）をキチンと理解し、敵・ライバルのやり方を知り（学歴のある人は大企業、有名企業に就職）、自分の戦う場所（ベンチャー企業）と、戦い方（給与は問わない、35歳までは圧倒的な時間を仕事・学習に投入する）を決めた、というわけです。

自分の相対的なポジションを理解するということは、市場とライバルを知り、己の強みと弱みを知るという行為であり、どこでどう戦うべきか（効率的に自分が結果を出す方法）を知るということなのです。

もちろん就活だけでなく、仕事にも当てはまります。

私が未経験で戦略コンサル会社に転職した際は、華々しい学歴や職歴を有する同僚との真っ向勝負を避けるべく、まずは皆さんの経歴を仔細にチェックしました。既存のメンバーにはない要素で自分にある要素は何かを考え、社内におけるポジションを差別化戦略によってみずからつくってきたのです。

そのポジションは会社内だけでなく、社外（労働市場）においても「自分の価値を高めるもの」という確信もありました。

戦略コンサル会社の同僚はとても高学歴で、かつ会計士や弁護士などの専門職、金融機関・他の戦略コンサル会社・大企業勤務経験者、といった面々でした。ですから、ベンチャー経験、IPO経験、上場企業CFO経験のある私は、**特徴を出せる（差別化できる）分野に注力すると決めたのです。その分野で仕事を獲得して特徴を出し、「この分野はアイツ」というポジションを社内でどんどんつくっていったのです。**

とくに最初はあえて仕事を選び、上場企業のCFO機能の代行業務やベンチャー企業向けの仕事、企業財務の実務の代行的な仕事……と、自分が即戦力として戦えそうな分野で実績を出すことに注力したのです。

そういった相対的ポジションを理解したうえで、自分の存在価値、ユニークネスの構築に努めた結果、未経験で戦略コンサル会社に飛び込んだにもかかわらず、最短・最年少でディレクター職に昇進しました。

このように自分のポジションをしっかり理解して、戦術を考える。その考え方の土台になっているのは、経営戦略論です。たとえば競争の激しい飲食業の世界でも、既存の戦い方で真っ向勝負するのではなく、経営戦略として後発ならではの工夫を凝らしたところは繁盛するものです。

労働市場や企業内における自分のポジションを理解し、自分ならではの戦い方を構築する。まわりに埋もれることなく、平均的なポジションで満足することなく、自分自身のゴールに向かって進むことが大切なのです。

自分の「やり方」を把握・構築する

では、今働いている会社におけるポジションづくりは、どのように考えればいいのでしょうか。会社という組織におけるポジションづくりのステップは、以下の通りです。

- **前提条件の把握（所属する組織において何が求められているのかを把握する）**
- **ライバルのやり方を把握（王道のやり方を把握する）**
- **自分の武器の把握（自分の長所で生かせるものを洗い出す）**
- **自分のポジションをつくる（強みに注力して特徴を出す）**

まず、はじめのステップは**「前提条件の把握」**です。

会社組織においてパフォーマンスを出すための構成要素は、「環境×自分の実力」です。つまり自分の実力が発揮できる環境でこそ、はじめて結果が生まれる、ということです。そもそも組織において何が求められているのかを理解せずには戦いようがありませんし、両者（環境と自分の実力）にズレが生じている場合は、結果を出しようがありません。

たとえば事業会社では同期ナンバーワンだったけど、戦略コンサル会社などのプロファームに入ったら新卒以上に使えなかったとか、コンサルとしては有名だったけど事業会社に入ったらさっぱり、といった例は数多くあります。

いくら優秀でも、いつでもどこでも通用するというわけではないのです。

会社の中期経営計画の方向性を確認することや、所属する部署のミッション、上司たる課長や部長のミッション、毎期の人事評価のポイントを把握することは、もちろん大事です。

ですが、まずは「社内で評価されている人」がなぜ評価されているのか、じっくり観察してみてください。

評価されている人とは、最年少で昇進したとか、同期の出世頭などでしょう。そういったスター社員は、会社にとって「なって欲しい社員の姿」なのです。

スター社員は、なぜ評価されているのか、どうやっているのか、そもそも自分が目指したい姿と重なっているのか。私もベンチャー企業に入ってまず行ったことは、スター社員は誰かを探すことでした。他部署であっても、ストーカーばりについて回っては観察して勉強したのです。

もちろん、自分が何を教わりたいかを相手に伝えたり、仕事の一部を手伝ったり、教えてもらった成果をキチンと報告するといった配慮は、忘れてはいけません。

たとえば「この本を読むといい」といわれたら、すぐに読んで感想を伝えましたし、わざと付箋《ふせん》を貼ったり、線を引いたりした箇所を相手に見せたりもしました。あるいは金曜日の夜の用事で焦っているときは、相手の仕事を私が引き受けるなどして、「教えがいのあるヤツ」を演出したりもしたのです。

スター社員の観察をつづけていると、おのずと会社が求めていることが見えてきます**（前提条件の把握）**。そのうえで、毎期の人事考課の際には「求められる資質」を改めて確認すべきです。

また上司と飲みに行ってくだらない話をするくらいなら、社内で求められていること、自分のできること、やるべきことの確認を会社でしたほうが、よっぽどお互いのためです。

会社の戦略・部署のミッションの方向性が、自分の方向性・強みにマッチしているかどうか、定期的にどんどん確認していきましょう。

そうして次のステップは**「ライバルのやり方を把握」**です。

スター社員を観察することと少し重複しますが、ライバルの仕事ぶりや特徴を知って、いい意味で技を盗む。そのうえで「何ができて何ができない人たちなのか」を探っていくのです。

先ほど戦略コンサル会社において社員プロフィールから特徴を探ったと述べましたが、まさにそういった行為です。戦略コンサル会社といっても、特定業界に強い、コストカット系に強い、営業改革に強い、ネット系の新規事業立ち上げに強い、など社員個々人で特徴があるものです。

ライバルの特徴を知ることで、どの分野で自分は勝負するべきか、何を学ぶべきかも見えてきます。

そして、3つ目のステップは**「自分の武器の把握」**です。

自分の長所で生かせるものを「棚卸《たなおろ》し」する、洗い出す、ということです。

たとえば、「若手なので私に長所なんてありません」と思ってしまってはダメです。人は生きているだけで価値があるものです。

謙遜のつもりであっても、自分の評価を勝手に自分で下げてはいけません。はじめは小さな価値かもしれませんが、そこに応用や実践を重ねていくことで、やがて大きな価値となるのです。最初から大きな価値を持っている人なんていませんから、小さな価値にレバレッジをかけてどんどん価値を大きくしていけばいいのです。

私が社会人になった頃は、仕事への圧倒的な時間投入だけが取り柄でしたが、学生の間にマスターした英語力は平均以上でしたから、自分の長所として位置づけました。またパソコン操作や会計の基礎知識はありましたから、新卒研修のないベンチャー企業でもそれなりにイケる自信もあったのです。

今であればSNSでそれなりのフォロワーがいるのであれば、若者向けのプロモーションやコミュニティをつくる力があると自分を位置づけたり、ゲームに毎日数時間没頭している方は集中力が長所と位置づけることもできます。

どんな些細なことであっても、恥ずかしがる必要はありません。自分の中に埋もれている価値、長所を洗い出して、どこで勝負すべきかを明確にしていくのです。何を切り口にして自分は勝負し、いかに自分の可能性を広げるか、ということです。

最後は4つ目のステップ、**「自分のポジションをつくる」**です。

自分の武器である強みを磨いて、特徴を出していくことです。

私はベンチャー企業で、当初は会計やファイナンスを担当していました。その会社の取引先や契約書の多くは英語で、数字的な要素も多かったため、契約書チェックや交渉にも自分の英語力と会計力を生かして携わることができたのです。

よく学生さんと話をすると「私はビジネス英語はわからないから」などと謙遜する人がいますが、断言します。世の中の中高年は今どきの学生・新入社員より、よっぽど英語はできません。長所なんて相対的な比較ですから、チャンスがある際は「英語ができます」と堂々とアピールして、まずは機会を獲得する。たとえ不安があっても、実践で覚えていけばいいのです。

私の知人には、学生時代にゲームで培った集中力を生かして、実際に株式のトレーダーになった人もいます。トレーディングシステムの構築を含めて大活躍し、今は引退モードでスーパーニートを名乗って遊んで暮らすまでになっています。

会社から押しつけられる研修なんかがあると、どうしてもそこで完璧を目指すといったモードに入りがちですが、自分の長所や特徴を消してまで、平均になるための努力をしてはいけません。研修は基礎知識ですから、それはそれで学び、自分の長所とリンクさせられる分野はどこか、つねに（会社視点ではなく）自分視点を意識することが大切です。

以上、4つのステップ（会社内でのポジションづくり）をまとめますと、まずは環境とライバルを知り、自分の長所を把握して、そのうえでどう自分が戦うかを意識する、ということになります。

このことは、武道の心得である「守破離《しゅはり》」と同じです。

今までのやり方・王道については、まずは徹底的にコピーして学ぶ（守）、そして学習などを通じて自分なりの改良をする（破）、それをもって自分なりの新しい方法で実践する（離）、です。

裏を返すと会社員の場合は、自分の長所が生かせない場所にずっといると成功につながらない、ということです。そのことを見極めずに、ダラダラと今の仕事をイヤイヤつづけることは危険です。

「環境×自分」。この方程式をつねに意識して、仕事と職場を見つめ直しましょう。

見栄やプライドを捨てる勇気

結局のところ、仕事力を高める際にいちばん邪魔になるのは、見栄やプライドです。仕事やスキルアップに限らず、人生全般においても、余計な見栄やプライド、「盛る」という行為は、まったくもって不要です。

なりたい自分への憧れがあるからこそ「盛る」のであり、しっかりと結果を出していたり、自分が納得する人生を送っている限りは、「盛る」必要性すら感じないはずです。

見栄やプライドが邪魔して失敗を恐れる人は多いものの、仕事では失敗を重ねて経験を積んだほうが早く成長できます。そもそも若い頃の仕事上の失敗なんて、いくらでも挽回のチャンスがありますし、それで会社がつぶれるわけでもありません。

知らないことはどんどん調べて、聞く。聞きまくる、です。
自分で調べて自分なりに理解する、そのうえで上級者やスター社員に聞いてみる。
不明点があれば議論する、というプロセスを躊躇しないでください。

私も働きはじめた頃は、エクセルやパワポのパソコン操作、数字分析といった実務など、それぞれの分野において社内でいちばんの人について回り、すべてを吸収しようと努力したものです。

もちろん社内だけではありません。

自分が勉強したい分野、たとえばDCFといった企業価値評価では、関連業界の会社ホームページやインタビュー記事、書籍のチェックをはじめ、セミナーをやっていると聞けば足を運んでその場で質問する、ということをやっていました。意外と無料のセミナーも多く、当時とても助かったことを覚えています。

戦略コンサル会社時代も、「資料作成は○○さん、この業界は○○さん、この分野は○○さん」と自分の中で勝手にリスト化して、そのつど教えを乞いました。スキルを真似したりして、どんどん自分の知識を増やしていったのです。

見栄やプライドを捨てると、質問力が高まるだけでなく、前例のないことをやる勇気も湧いてきます。前例をつくるということは、自分でルールをつくり、その分野でナンバーワンになる、ということです。

社内で前例のないことをやれば、年齢に関係なく、経験をいちばん有しているのは自分自身になりますから、ある程度の経験とスキルを積めたら、ぜひトライすべきです。

私の職歴を振り返ってみても、前例のないことをやりつづけて、組織におけるポジションを築いてきた、といっても過言ではありません。

予実管理（予算・実績）を含む管理会計の仕組みがなければ構築する、上場後ＩＲの体制がなければ自分でやる、戦略コンサル会社から上場企業の役員としてハンズオンで乗り込む、海外のベンチャー企業向けのコンサルを社内ではじめて手がける……といったことに挑戦してきました。

また、それまで社内になかったプリンシパルというポジションを自分のために新たに構築したり、サラリーマンでありながらも勤務先を説得して自著を出版することも行ってきました。自分が主役になれる場所をつねに構築し、責任感と使命感を持って業務を成し遂げてきたのです。

それは、見栄とプライドをいっさい持たなかったおかげです。

見栄やプライドに囚われて挑戦を躊躇したり、前例がないからという理由で諦めることは、いつまでも他人のルールで戦うということです。リスクを負わない反面、いつまで経っても誰かの二番煎じでしかない、ということになります。

高学歴の多くの方は、ルールを受け入れて理解したり、前例＝正解をコピーする能力に長けていますから、できあがったルールで戦うことに関しては、とても優れています。

一方、前例のないことに挑戦するには、リーダーシップや信念、覚悟といった、学歴とはまったく関係のない資質が求められますから、見栄やプライドを捨ててどんどんトライするべきです。

当時の私もそうでしたが、誇れる学歴がない場合は、そもそも失うものなど何もないはずです。いや、失うものなど何もないと、開き直るべきなのです。

中途半端な見栄とプライドは邪魔になるだけです。

自分で仕事をつくる。ルールをつくる。自分が主役となれる場をつくりつづけるのです。

戦略的に逃げる勇気

と、ここまで自分の強みを見つけて、自分のポジションを高める重要性をお伝えしてきましたが、ときには「戦略的に逃げる」ことも忘れないでください。

どんなに努力をしても、どうしても先が見えない。

そんなトンネルの中にいつづけることほど、時間と労力の無駄はありません。

もちろん、安易に会社から逃げ出すことを推奨しているわけではありません。

「逃げ癖」がついてしまいますから、冷静に「逃避」なのか「戦略的な逃げ」なのかを判断する必要はあります。

たとえば、決められた仕事を従前通りにやることだけが仕事だと思っている人ばかりで、新しい提案をそもそも受け入れる環境にない、足の引っ張り合いしかしない職場で改善の余地がない、業務をつづけても自分の成長がどうしても見込めない……そういった場合は、新しい環境に身を置くことも考えるべきです。

ましてや社内でパワハラ、セクハラ、ロジハラまがいに遭っている方は、早急に逃げる準備をすべきです。

じつは私の著者略歴には記していませんが、私も「これは自分に向いていない」と思い、2週間で会社を辞めたことがあります。転職前の情報や印象とは異なり、そこでは規定のルーティンのみが是とされる業務内容でした。自分の成長や将来性がまったく見込めなかったため、すぐに辞めたのです。

そうです、「嫌なら辞めればいい」ということは、絶対にいえるのです。

理不尽な環境で、体やメンタルに過度な負担がかかるのであればなおさらです。

真面目な人であればあるほど「できない自分がいけない」「できない自分は価値がない」と考えがちですが、先ほど述べた通り「環境×自分」の法則です。結果を出すためには、自分と環境が合致している必要があります。

声を大にしていいたいのですが、ある場所で結果が出せなかったとしても、それであなたの価値をすべて否定してしまってはいけません。

何度も申し上げていますが、人は生きているだけで価値があるものです。

仕事で通用しなかった。

だからどうした、です。

それでもあなたを必要とする人はいますし、あなたでないとダメだと考える人もいます。

がんばろうと思った職場で通用しなかったときは辛いと思いますが、それをもって自分の評価を自分で下げてしまったり、自分自身にダメな奴のレッテルを貼らないでください。

あなたは何も悪くありません。

「環境×自分」の法則を思い出し、自分が変われること、できることを探す。それでも環境に合わないと判断すれば、他の場所、他の道を探せばいいのです。

将来を心配しすぎず、ポジティブに逃げていいのです。

理不尽な環境で心身ともに過度に疲労しているのであれば、たとえ次の就職先が見つからなくても、まずはポジティブに逃げることを考えてください。収入や再就職のことを心配するのは、後回しです。心身をしっかり休め、自分を取り戻してから、次のことを考えればいいのです。

仕事は人生の一部でしかありません。

それだけであなたの評価や人生が決まるわけではないのです。

大切なことは、自分自身が自分のいちばんの応援団でありつづけることです。

自分なりに考えて努力をしてみる。それでも結果が変わらなければ、柔軟に新天地を求めるべきです。なぜ以前の環境に自分が合わなかったのかを冷静に分析して、同じ環境に身を置かないように、再就職の面接で気をつけて質問をすればいいのです。

逃げる行為であっても、自分自身を見つめ直すことができます。

つまり戦略的に逃げることは成長であり、新たな自分との出会いなのです。

仕事ができないことや、結果が出ないことをすべて自分の責任にしてはいけません。

環境を変えることで花が咲くことも大いにありますし、どこかにあなたを必要としている人が必ずいます。

自分の可能性を自分が信じないで、誰が信じてくれるでしょうか。

前を向いて歩みつづけるためにも、自分を責めるのではなく、ぱっとリセットしてみる勇気は大切です。

ポジティブな逃げは、恥でも失敗でもありません。前向きな手段、戦略です。気力を失いながら先の見えないトンネルを突き進むよりも、まだ見ぬ自分自身の可能性に賭けてみることも、ときには必要です。

自分の「幸せの基準」をつねに意識する

ワークライフバランス――は、もう聞き飽きるくらいに浸透している言葉ですね。

でも最終的にバランスのとれた状態を目指すのが基本ですから、仕事もおぼつかない段階でいきなり「オンもオフも」となると、どこかでツケが回ってきます。

その手の啓蒙書を教科書的に「正解」だと信じきってしまったり、コピーしようとすると、大変な目に遭います。

現在バランスがとれている人は、例外なく仕事で実績を積んだ結果として、現在のライフを充実させる時間や原資（お金や知人ネットワーク）を手に入れているのです。

つまり、私たちが垣間見るワークライフバランスの姿は「できあがりの姿」であり、そのプロセスではないのです。これからの若い方には、あまり参考にならないのです。

強いていうなら、参考になるのは、その経緯でありプロセスでしょうか。プロセスも唯一の正解があるわけではありませんから、結局は自分なりの正解、プロセスを考えるしかないのです。

バランスという意味では、オンとオフの時間の使い方、収入と支出のバランスなど、考えるべきことは多岐にわたりますが、その判断は十人十色です。「いいか悪いか」ではありません。

たとえば、満員電車で通勤しているのに家賃よりも高いバッグを持っていたり、高いブランドの服を着ていたりする意味がわからない、家族づれでファーストフードで食事するのはいかがなものかとか、何かと批判する人がいますが、他人がとやかくいうようなことではありません。

ちなみに私は、立ち食いソバやファーストフード、B級系フードは大好きですから、40代となった今も堂々と通っていますし、立ち食いソバ屋の開拓はオフの楽しみでもあります。

去年のクリスマスシーズンも夫婦で近所の富士そばを何度もリピートしましたが、高級レストランやブランド物好きといった価値観も、もちろんアリだと思ってます。

いずれにせよ、まずは「どんな人生を送りたいのか」「そのために仕事をどう位置づけるのか」が大切なのです。

そのうえで仕事や学習に注力する段階、趣味や人付き合いなどライフ面を充実させる段階と、注力する期間を区切って設けるといいのではないでしょうか。あるいは両立させつつ、どちらかの比重を少しずつ高めていくなど、自分に合ったやり方で前進していけばいいのです。

簡単にいうと、「自分なりの幸せの形」を考えるべしということです。

私は繰り返し述べている通り、35歳までは仕事と学習が中心でした。いえ、それがすべてでした。他のことは人生からできる限り排除したのです。それ以降はライフ面の比重を徐々に上げて……という具合に、最終的にバランスのとれた暮らしになりつつあります。

そのバランス、人生の価値観は、本当に十人十色です。

ですから、頻繁に飲み会や夜の街に繰り出す友人や、有名企業に勤務している人、給与の高い人を私は羨ましいと思ったことはありませんし、誰かの人生に嫉妬したこともありません。

もちろん周囲から「自分も負けてなるものか」という刺激は大いに得ましたが、**結**

局は自分なりの幸せの形を追求しているわけですから、たとえ「付き合いが悪い」「仕事オンリー」「学習オタク」といわれようが人は人、自分は自分です。

いずれにせよ、仕事は人生において大きな割合を占めるものです。仕事観というのは、結局は人生観であり、自分なりの幸せの形を考えていくことに他なりません。

第5章
それでも学歴が気になるのなら

一生ついてまわる学歴

学歴とは記憶力競争における過去の実績にすぎない、仕事に学歴は関係ないと、何度も申し上げてきました。

それでも、どうしても、自分自身の学歴を気にしてしまうことがあるのも事実でしょう。

履歴書を書くとき、誰かに自分を紹介されるとき、飲み会に行ったとき……。

とくに仕事における実績がまだ未熟な若い頃は、そういったケースは多いでしょう。

また、自分がふだん意識していないとしても、まわりの学歴自慢を目の当たりにするとどうしても意識してしまう、というケースもあると思います。

本書では、自分自身の至らないところも含めて受け入れ、自分なりの生き方・働き方を探すということを力説していますが、本来は学歴も奢らず、恥ずかしがらず受け入れ、共存すべきものなのです。学歴において優れていようと劣っていようと、その後の人生において優劣が生まれることはないのですから。

学歴は数多くある自分自身のアイデンティティの一部であり、一部でしかない。

そう考えて、上手く付き合うことが大切です。

学歴に限らずですが、自分自身の過去というものはすべて不変です。過去は変えようがない以上、上手く付き合うことこそが、その後の人生を左右します。

そもそも学歴の優劣なんて、あくまでも自分の中の相対的な評価でしかありません。

傍から見ると立派な学歴なのに、自分でコンプレックスに感じてしまっていることは多々あります。

私が卒業した大学は「中途半端なレベルの大学」ですが、これは誰かにいわれたわけでもなく、私自身が中途半端であり誇れる学歴ではないと、若い頃に勝手に考えてしまっただけです。

なぜそう考えたかというと、当時の就職事情を鑑みて、自分自身が健全な危機意識を持つべきだと考えたからです。私の育った家庭は、母親1人に男兄弟3人。お金もコネも学歴もないというのが当時の状況でしたし、私は中学生からバイトをして勉強代や生活費を捻出していたのです。危機意識や反骨精神があったほうがモチベーションが上がると実感していましたので、学歴に対する危機意識も自分を鼓舞する手段に他なりません。

母子家庭育ちや学歴・お金がないことをネガティブに捉えていたわけではなく、むしろ「人生これからだ。どうやって勝負しようか」とワクワクしていたのです。

若い頃はそういった逆境をはねのけるべくがんばってきましたし、35歳以降はようやくそういった苦闘からは解放され、いっそうポジティブに生きられるようにもなりました。

もちろん、私自身も落ち込むことはありましたし、プラス思考で考えられる人ばかりではないことも十分理解しています。

理解していますが、誰もが過去に負けず、学歴に頼らず、少しずつでも人生を切り拓いて欲しいのです。

結局は、過去を受け入れたうえで、「で、今から何をする？」しかないのです。

もう、過去のことは引きずらなくていいのです。

あなたが今、まわりからどんな評価を得ているかは関係ありません。

「どうせ私に学歴はないから」と勝手にやさぐれてしまっては、たとえチャンスに出会ったとしても、モノにすることはできないでしょう。それどころか、他人を羨んだり誹謗中傷するような「こじらせ人生」になりかねません。

前章までは学歴に頼らない方法論を説いてきましたが、本章では「どうしても気になってしまう場合の対処法」を一緒に考えていきましょう。

学歴の「代わりになるもの」を手に入れる

いい大人になっても学歴のことが気になるのは、きっとまわりの影響です。

「やっぱり○○大卒の仕事ぶりは違うな」「学校のご出身はどちらですか？」などと、誰かが学歴のことを話題にした、自分の出身校を聞かれた……といったようなことが、キッカケになっているはずです。

なぜ学歴がまわりから注目されてしまうかというと、「学歴に代わる何か」がないからです。つまり学歴に代わる自分の新たなアイデンティティが、まだ確立できていないからです。

たとえば社長同士の集まりでは学歴の話なんて出ないということを述べましたが、私の場合は社長業が現在の最大のアイデンティティになっているからです。

若い頃は学歴や会社名で紹介されたり、他人に覚えてもらうケースが大半でしょう。

なぜなら、まだ学歴や所属している会社がその人のアイデンティティの大部分を占めているからです。その段階では、まだ独り立ちしていない状態ともいえます。

要は半人前、ということですね。

やがて歳を重ね、結果や成功を収めていれば個人名で覚えられるようになりますが、学歴や会社名に代わる何かがないと、いつまでもそのまま……ということになりかねません。

世の中には元マッキンゼーとか元ゴールドマン・サックスとか、元○○系の「今現在は何をやっているかは不明な方」が多くいます。本当に活躍している人は過去の経歴をウリにしたり強調したりしないのに対して、やたらと「元○○」と昔の勤務先を強調する人は、今現在あまり活躍していない人が大半です。中には数か月だけ勤務してましたなんてケースもありますが、過去の栄華にすがればすがるほど、現在がむなしく映るものです。

学歴や会社名だけではありません。

かつて仕事で「○○さんの息子さんの○○さんです」とだけ紹介され、ドヤ顔で部屋に入ってきた方がいました。せめて若ければいいのですが、当のご本人は50代であったことから、その紹介はないだろ、と思わず苦笑してしまったことがありました。

そうです、個人のアイデンティティが確立できないと、いつまでも過去のアイデンティティのままで形容されることになってしまうのです。

一方、個人としてのアイデンティティが何かしら確立されてくると、学歴や会社名のアイデンティティの比重がどんどん軽くなっていき、やがて消えていくのです。

要は学歴や会社名といった過去に囚われず、新たなアイデンティティを築くことこそが、健全な生き方だということです。

「シェフ、すごいですね。どこ大学ですか？」

「さすが社長。東大ですか？」

そんな、とんちんかんなやりとりはないでしょう。

新しいアイデンティティの確立こそが、学歴という「過去の影」を意識しないですむ、健康的で最善の方法なのです。

要は「最終学歴」という考え方

新しいアイデンティティを確立してもなお、自分の中で違和感というか、劣等感のようなものが排除できない、という人もいるかもしれません。

そういった場合は、学歴の「上書き」もアリです。

「学歴ロンダリング」ともいわれてますね。大学を出ているのであれば大学院に行ってみる。高校・専門学校卒なら大学に行ってみる。

学歴なんて最終学歴だけが見られますから、「上書き」することは幾つになっても可能です。最近では、時間や金銭面での余力が生まれた40代以降の進学も珍しくはありません。

大学院進学の場合は、本来は研究したいテーマがあることが前提ですが、**本音は学**

歴の「上書き」が目的であっても、自分が納得するならばひとつの方法です。もし興味があるのなら、やらないで後悔するよりは、やってみるのがいちばんです。

私は28歳で海外の大学院でＭＢＡを取得していますが、まさに学歴の「上書き」をしたわけです。もちろん勉強したかったこともありますが、学歴コンプレックスの払拭と、ずっと休みなく働いてきたので休暇を兼ねて視野を広げる、ということが大きなモチベーションでした。

そんなこんなの理由での留学でしたが、結果的には勉強になりました。学問はもちろんですが、ヨーロッパの伝統に触れ、パーティーやソーシャルイベントでの振る舞いやルール、価値観の異なる人たちとのコミュニケーションといった、人生経験を積み重ねる場としても大きかったように思います。また、人前でしゃべる際（public speaking）の表情や間のとり方といったコーチングも勉強になりました。

学歴の「上書き」といっても誰のためでもありませんし、海外でＭＢＡを取得してもスーパーマンに変身できるわけではないことは、十分に理解していました。ただ、最終学歴をオックスフォードやケンブリッジにしてしまえば、将来的に高学歴者ばかりの業界にもチャレンジできるという下心があったことは確かです。そう、第１章で述べた「ドアノック効果」です。そうして両方に受かり、1000万円を大幅に超える費用を27歳のときに自費で捻出し、ケンブリッジに留学したのです。

その経験を踏まえると、すでにアイデンティティを確立されている方は、学歴の「上書き」をしても「なんだこんなもんか」という感想で終わるはずです。

もちろん何かしらの勉強にはなるのですが、「上書き」をもって人生が大きく変わるわけでもありませんし、まわりからの扱いや見え方が変わるわけでもありません。

強いていうならば「自分なりのけじめとして納得できる」といった程度ですが、自分が納得できるのであれば「上書き」も良しとすべきです。学歴に悩みつづけるといった時間と精神的なロスを考えると、よっぽど生産的な行為といえるでしょう。

日本の大学院であれば夜間や週末コース、1年制コース、そして今やネット上で完結するところもあるくらいですから、どうしても学歴が気になってしかたがない人はやってみる価値はあるでしょう。しかも暗記量が問われる学部試験と違って、国内の大学院入試は国公立・私立を問わず、おおむね「入りやすい」傾向にあります。

ただし、キレイごとだけを語りたくはありません。

なぜなら、「上書き」するにもお金と時間、労力が相応にかかるからです。

そのため社会人が進学する以上は、やはりネームバリューで選んだほうがいいでしょう。

学歴の「上書き」という目的であれ、真剣に学ぶことであれ、そのブランドや名声が授業の質はもちろん、そこに集まる生徒や教授の質を左右することはいうまでもありません。

とくに専門性の強い大学院は教育ビジネスの側面もありますから、ブランドが質と連動していることは大いにあります。しかも「上書き」が目的の場合は、露骨な話ですがブランドを獲得しないと本末転倒にもなりかねません。

いずれにせよ「上書き」することによって、少なくとも「学歴を気にすること自体が大したことではない」と気づくはずですし、そこで得た経験からもう一段成長できるのであれば万々歳でしょう。

学歴と年齢の関係性

前項では学歴の「上書き」について述べましたが、もちろん、そこまで時間や労力は割けないと考える人も多いでしょう。

それも当然です。収入・金銭面を考えると、進学する対価はゼロだからです。

でも、安心してください。

たとえ学歴の「上書き」ができなくても、多くの人は年齢を重ねるとともに学歴コンプレックスは自分の中で希薄化されてくるものです。

なぜなら、年齢とともに仕事や人生における経験やスキルが、「上書き」されていくからです。要は、学歴に代わる「自分の名刺」が更新されるということです。仕事の肩書や個人のスキル・知恵、人間関係、個人としての魅力などがアイデンティティとなって、学歴の要素はどんどん薄まっていくのです。

経験を積み重ねるほどアイデンティティが上書きされる、といってもいいでしょう。年齢を重ねるにつれ、学歴だけでなく資格の有無も気にならなくなってきます。

私は35歳までは仕事と学習が中心でしたが、裏を返せば、アイデンティティと呼べるような誇れる実績が仕事で少なかったのです。とくに20代は自分を武装すべく、Certified Management Accountantなどの各種資格（会計や財務系で合計3つ、英語系で合計3つ）の取得を通じて、学歴に代わる何かを手に入れるべく注力していたのです。

当時はそういった資格を名刺や履歴書にも記載していましたが、結局は仕事において実績を積み、職業人としてそれなりの地位を確立すると、資格を記載することも自分から語ることもなくなりました。そもそも会費を払うことを20代でストップしたので、現在は（現役としての資格を）失効しているのだと思います。

それ以降は資格に頼らずとも、労働市場において自分自身のアイデンティティをそれなりに確立できたので「お守りとしての資格」は不要になった、ということです。

もっというと、いつまでも資格に頼るようでは、いつまでも学歴を誇っている人と同じになってしまいますから、30代以降は学習というインプットをどんどんアウトプットに変え、実践・実績勝負に比重を置きはじめたのです。

まさに経験やスキルを積んだ結果として、自分の中に占める学歴や資格の割合が、アイデンティティとして希薄化していったということです。

もちろん若い頃の資格取得は、仕事での必要性がいちばんの目的であり、「学歴のなさをカバーする」というカムフラージュ的な役割は、あくまでも副産物でしかありません。

いつまでもカムフラージュすることに時間を使う必要はありません。繰り返しますが、そういったコンプレックスは年齢や経験を重ねるとともに希薄化してくるものです。年齢とともに薄まっていき、やがて消えるのです。

とくに学歴を気にしがちな若い時期というのは、職業人としての基礎体力をつける非常に重要な時期ですから、自身のコンプレックスに過度に悩んだりして、貴重な時間を無駄にして欲しくはないのです。

そういった感情は、いずれ時間が解消してくれるものです。

とくに20代30代の方は、今しかできないことに注力していただきたいと思いますし、その注力の結果として、気がついたら学歴コンプレックスも解消されていたという姿が、理想なのです。

年齢的な若さというのは、何も努力せずとも誰もが手に入れることのできる特権です。

その特権をどう使うか、その時期、その時間をどう過ごすかによって、その後の人生が大きく変わることはいうまでもありません。

学歴を「ネタ」にできるようになるのが理想

本章の最後に、学歴との付き合い方の「最終形」をお伝えしましょう。

いちばんの理想は、高学歴であれ低学歴であれ、それを本当の意味で「ウリにできる状態」に持っていくことです。

たとえば高卒社長、なんていうとすごい気がしますし、ネガティブではなくポジティブな響きになります。最近では「東大卒の芸人」などと、「王道の東大生」がやらない分野であえて学歴をウリにしている人もいます。

どんな学歴にせよ、学歴自体が目立っているのではなく、アイデンティティの部分が優れており、誇れる実績であるために、「学歴さえもがウリになっている」。つまりネタになっているのです。ギャップがあるからこその魅力であり、差別化ですね。

東大卒の官僚や弁護士といわれても、「まぁそうだよね」という感じでその他大勢になってしまい特徴にはなりませんが、**ギャップがあると、短所であったはずの学歴もとたんにプラスに働くことになります。**

かくいう私も『非学歴エリート』（飛鳥新社）なんてタイトルで作家デビューをしていますから、「中途半端な学歴」を今やポジティブなネタとしてフルに活用しています。つまり他との差別化として、自分自身のアイデンティティに活用できているのです。

他にも差別化できる要素は仕事でもプライベートでもたくさんありますし、自分のオリジナリティは自分で戦略的に選ぶべきです。

学歴で負けたからといって、人生の勝負を諦める必要なんてありません。学歴だけを気にして「こんな程度でしょ」と自分の可能性を狭めてしまうことは、前を向いていないという意味で、バックミラーを見ながら車を運転するような行為です。

長いようで短い人生です。とくに変化の大きい20代30代という時間は、あっという間に過ぎ去ります。しっかりと前を向いて、道のりを歩むべきなのです。そもそも前を向いている限りは、誰の人生にも負けなんてないのですから。

第6章
非学歴時代の人生設計

個としての選択が問われる時代

昭和を経て平成、そして令和と時代は変遷し、その間に企業や暮らしを取り巻く環境も大きく変わりました。

ですが、これまで変わらなかったものがあります。

それは、人の仕事観です。

個性重視とか、新しい若者像とかいわれつつも、いまだに多くの人は新卒で入った会社で勤め上げることを前提としていますし、大企業や有名企業には「価値観が変わったはずの若者」が、毎年大挙して押し寄せます。

しかしながら、ストレスのない生き方をしようとするのであれば、その時代に合った、いちばん合理的な生き方をすることが大切です。

ひと昔前までは、一労働者としてのゴールや、やるべきことが明確にあり、前例にならえ的な仕事が求められていたため、企業は平均的に優秀な人材を採用・育成しようとしてきました。社員もその波に乗って膨大な仕事を回していれば、会社も社会も豊かになっていったのです。

「かつては良かった。楽だった」と、いっているのではありません。年功序列の気楽さはあったにせよ、労働時間や労働環境は今よりも「身体的に」劣悪な傾向だったことは確かでしょう。

一方、今日のように雇用や企業を取り巻く環境がコロコロと変わる時代においては、前例があるから、皆がやっていたからという生き方は、リスク以外の何物でもありません。かといって何をすればいいかわからないし、明日がどうなるかわからないという不安や焦りが消えない……。つまり今は「精神的に」劣悪な傾向にある、ということです。

いつの時代がベストということはありませんから、結局は自分が取捨選択してサバイブしていくしかありません。定期的に自身の成長を自分で確認し、場合によっては致命傷を負わない時期にリセットしたり、方向転換したりする必要があるのです。

個の時代。

そういわれて長く経ちますが、実際は逆行している感があります。個の時代とは「レールに乗ればいい」という正解がなくなった時代ですから、ややもすると不安と焦りを感じてしまって、個の時代の逆行——周囲と同じように評価されたいという承認欲求が、どんどん強まってしまいます。

だから個の時代であっても、大企業や有名企業という看板が欲しいし、長い物に巻かれたい。あるいは「学歴なんて関係ない」といいつつも、こっそり学歴を心の拠りどころにしてしまうのです。

しかしコロナ禍を契機に、いっそう個の時代に移行していきます。

自分なりの働き方、生き方を追求する必要に迫られますから、今まで以上に自分自身の価値観や志に根ざしたオリジナルの人生設計が求められるのです。

SNSの発達により、自分のことは棚に上げて、ついつい他人の人生への関心や干渉ばかりに流れてしまいますが、大切なのは自分が人生の主役になるということです。

同調圧力はいらない。現実から逃げるな、ということです。

他人の人生におせっかいなコメントをしているヒマがあったら、自分なりのゴールに向けて一心不乱に前進していきましょう。

メガバンクが週休3日・4日制度を打ち出したり、航空業界が副業を完全に解禁するなど、たとえ大企業であっても労働環境はどんどん変化しているのです。

いよいよ仕事観を変えざるを得ない時代なのです。

固定制の生き方から変動制の生き方へ

個の時代へという変化に応じて、働き方や生き方を柔軟に変えていく。

それは「固定制の生き方」から「変動制の生き方」にシフトしていく必要がある、ということです。

コロナ禍を契機にリモートワークが浸透し、社員を固定的に囲っておくことが困難になった会社やクリエイティブを求める会社が、自由な働き方や副業ＯＫを打ち出すなど、より柔軟な働き方が推奨されはじめています。

柔軟な働き方というと聞こえはいいのですが、要は「自己責任で人生設計してね」ということです。

会社は最低限の面倒を見るから、あとは個人でやってくれ、ということですね。

これはよく考えれば至極当然のことであり、必然の流れでもあります。

つまり社会全体に余裕がなくなってきた今、社会の構成員である私たち一人ひとりが、会社依存といった受け身の人生なんてあり得ないという、ごく当たり前の現実に直面しているということです。

もはや、依存的な甘えは許されないのです。

まだまだ大企業・有名企業信仰が根強いものの、コロナ禍の影響により、これからは大企業であっても業界格差、会社間格差は開く一方でしょう。これからの企業は好不調がより顕著になり、危機対応力や意思決定のスピードがより重視されるようになってきます。

一労働者という視点で考えると、雇用機会やスキルアップのチャンスをどこで図るかを見極めなければなりません。今有名な会社だからという理由ではなく、今後どうなるかという将来志向で企業を見極めなければならなくなってきているのです。

どこで働くか、どう働くか。

自分で考えて、時代の変化に応じた行動をとる以外に道はないのです。

ただし、流行りに乗れ、ということではありません。

そもそも変動制の生き方とは、社会が今の状態のままつづかないという前提にもとづいています。変動制の生き方では、外的ショックがあっても打ち勝てるように自身の成長を図っていかないといけないのです。会社に頼らず、自分のスキルを特化・強化して、自己の成長を図るのです。

変動制の生き方というのは、時間を切り売りするような生き方ではありません。所属ありきではなく、個人としての価値を確立し、プロや専門職として、個人名で仕事をする生き方です。

自分の強み以外の分野は、アウトソースすることも重要です。裏を返すと、アウトソースする以外の分野に、注力して特化するということです。

大事なスキルは自分に残しておき（所有）、それ以外はアウトソースする（シェア）、が変動制の生き方の本質です。ですから、効率ありき、アウトソースありきではなく、まずは自分がやるべき分野に注力しているか否かが問われているのです。

不思議なのは、プロスポーツ選手や芸能人は声の限り応援するのに、肝心の自分自身を応援することや、自分がプロになるという気概を忘れてしまう人が多いことです。

もちろん息抜きとしてはいいのですが、個の力で活躍しているプロを応援しているヒマがあったら、もっともっと自分を応援し、個の時代を真剣に生きるべきです。

もしあなたが会社員であるならば、これからは副業も専門性を高めるために重要でしょう。もし本業とまったく関係のない副業を「はじめるのが楽だから」「手っとり早く儲かりそうだから」という理由ではじめたとします。すると、やがてエントリーバリアの低さから競争は激化するわ、本業との連携がないのでたんなる時間の切り売りになってしまうわと、その先につながりません。

そうではなく、本業に近いこと（たとえば経理業務に携わる人が会計のアウトソースを受けたり、輸出入業務に携わる人が通訳や翻訳をしたり、個人輸入をしてみたり）を副業にしてみると、その分野におけるプロに近づけますし、いずれは独立する契機になるかもしれません。

社会人の学習は仕事に関連する分野ですべしとお伝えしましたが、副業についても同様です。**自分の本業に（学習と同じく）レバレッジをかけるイメージで、副業でも相乗効果を狙うのです。自分の時間を切り売りするのではなく、限られた自分の時間を有効活用して、さらなる自身の成長を図る、ということです。**

幸いなことに、以前よりも働き方や生き方には多くの選択肢が存在します。もはや仕事がひとつである必要すら、なくなっているのです。

仕事を複数持つというと、体力のある若い人向けだと思われがちですが、自分の本業と近い分野での副業なら、むしろスキルと経験が豊かな中高年にもチャンスがある、ということです。

要は、やるかやらないか。

会社が面倒を見てくれない時代は、チャンスの時代です。会社に囲われないからこそ、自分しだいです。自己の鍛錬と成長をつねに意識し、限られたリソースを有効活用して、将来につなげていく。どこに自分は特化して、どこで勝負するか。その一方で、どの分野をアウトソースするべきなのか。

もはや敷かれたレールは存在しません。不確実性の時代、個の時代は、みずからレールをつくり、自分のレールを走りつづけるしかないのです。

プランBをつねに持っておく

変動制の生き方は、いわばまわりの状況に応じた受け身の姿勢ではないか——と思われるかもしれません。確かに経済状況や労働環境の変化に応じて柔軟な対応をするという、受け身の要素もあるのですが、後手後手の対応を推奨しているわけではありません。

いつ何が起きるか誰にもわかりませんから、つねに人生におけるプランBを持っておくことが大切であり、プランBの存在が状況対応力を左右するのです。

プランBとは代替案であり、つねにwhat ifを想定して生きるということです。つまり変化が激しい世の中をサバイブする、万一の際のリカバリー対応策です。

「恒産なくして恒心なし」ではありませんが、プランBの存在は心の余裕にもなりま

す し、いざとなったときのライフラインです。

倒産や解雇、早期退職・リストラで今の仕事がなくなったらどうするか。がんばっていた仕事の将来性が絶たれたらどうするか。

事前そのまた事前の備えが、いざというときの心の余裕につながるのです。コロナ禍以降、プランBという備えは、いっそう重要になるでしょう。

かつて私はベンチャー企業経験しかありませんでしたから、つねに仕事場がなくなる可能性と隣り合わせでした。そのため職業上の代替案、プランBはつねに持っていました。いざとなったら海外でＭＢＡを取得するというのもプランBです。

また海外のＭＢＡに行くための資金が捻出できなかったときの代替案（プランC）もありました。Certified Management Accountant という資格を24歳で取得しておいたのです。この資格はＭＢＡコースで学習する主要科目が網羅されていましたので、（万一留学できない際は）ＭＢＡ取得の代わりになると考えたのです。ＭＢＡ留学の特徴である「ディスカッションを通じた学び」については、コンサル会社や投資銀行といった職種への転職、あるいは「実践を通じた勉強会」を自分で主催することによって補えると想定していたのです。

幸いなことにＩＰＯ（新規上場株式）を通じて得た資金で学費を捻出できたため、無事留学することができましたが、もし上手くいかなかった場合も後手後手の対応にはならなかった自信があります。

プランBを持つということは、選択肢を複数持つということです。節目節目で選択肢の中から決断をする際は「将来の可能性が広がる選択になるか」を第一に考えてきました。

たとえばＭＢＡ留学では、キャリア上の可能性が広がるとの理由で（海外でも働けるチャンスや異業種に転職できる可能性）、学費は高くても海外の有名ビジネススクールを選択しましたし、帰国後も将来のキャリアの可能性を広げるために、戦略コンサル会社を第2のキャリアとして選択しました。戦略コンサル会社で経験を積むと、プロファームと事業会社双方でのキャリア機会が広がると考えたのです。

また社会人の駆け出しの頃は「英語×会計」という両輪で仕事をしていましたが、万一の際は英語だけでも最低限稼げるように（プランB）、具体的な仕事とアプローチできそうな会社をリスト化していました。海外留学の英語志望動機書の添削や作成代行というマニアックなものも含めて、複数のネタをいつも考えていたのです。

さらには転職エージェントにも定期的に会ったり、毎年職歴書を更新したりしていました。仮に今時点で転職するとしたらどんな会社があり、何がアピールできて、何が足りないのかを把握していたのも、いわばプランBです。

致命傷を負わない失敗であれば、人生は何度でもやり直せます。

そのためにも自己の研鑽《けんさん》を怠らないのと同時に、**労働市場におけるニーズと自分の市場価値を把握しておくことは重要です。そのうえで「仮に今○○が起きたら、プランBの○○を検討」という、シミュレーションを行っておくべきなのです。**

コロナ禍を契機に、今の仕事がなくなってしまうリスクや人生のシナリオが狂うことは、多くの人がリアルなこととして直面しています。

そのための、プランBなのです。

やはりプランBを考える際に大切なことは「この選択をすることで、将来の可能性が広がるか否か」です。

仕事選びだけでなく、人付き合い、時間やお金の使い方、すべての活動において、「将来の可能性が広がるか否か」を行動規範としていきましょう。

コロナ禍を契機に考えるべきこと、やるべきこと

コロナ禍の影響は経済だけでなく、個々人の生き方や考え方にも大きな影響を及ぼしています。

その中で、いちばん最初にやらなければならないこと。

それは、自分を好きになる勇気であり、自分自身の価値を見失わないことです。

私は「東洋経済オンライン」をはじめさまざまな場所で、人生相談や転職相談に答えていますが、ことコロナ禍において多いのは「転職や就職に失敗しつづけている自分が嫌いになる」といった相談です。コロナ禍で失業してしまったり、なかなか勤め先が見つからない方々です。

目先のことで自暴自棄になったり、自分を見失ってしまうことは十分に理解できま

すし、辛い状況であることもひしひしと感じています。

それでも、ふだんは意識していない自分の価値に目を向けて、どうか自分を好きになることからはじめて欲しいのです。

なぜか？

仕事というものは、人生を構成するひとつの要素でしかありません。

当たり前のことですが、人生は多くの要素によって構成されています。職業人としてだけでなく、家庭だったら夫や妻、父親や母親といった役割を担っておられるでしょう。

本書は仕事のノウハウを説いてはいるものの、いざとなったら「たかが仕事」です。

自分自身を過度に追い込んではいけません。

すべてにおいて完璧である必要はないのです。

私は26歳のときに過労で吐血し、入院したことがあります。その頃の一日の労働時間は以前よりも減っていたものの平均15時間、通勤の往復を含む学習時間は4時間、睡眠時間も4時間ほどでした。明らかに働きすぎで、自分を追い込みすぎていました。ひたすら自分自身と戦っていたわけですが、自分が倒れてしまったら元も子もありません。

どんなときも、自分自身が自分のいちばんの応援団であるべきなのです。

自分を鼓舞するだけでなく、いたわってあげる応援団でもあるべきです。

人は誰でも生きているだけで価値があります。

新しい仕事を見つけたり、新しい挑戦も大切ですが、そもそも生きていること自体が可能性なのです。

目先のことで自分の可能性を否定するよりも、不甲斐なさも愛おしく捉えて、前向きに生きる。心身が疲れている際は、先のことを思いわずらわず、身体をしっかり休める。自分が自分の応援団でありつづければ、次につながる可能性はいずれめぐってきます。

いざとなれば、たかが仕事。前向きになれるように自分の価値を認め、自分を好きになる勇気を持つべきです。負けない、諦めないためにも、ご自身を好きになることだけは忘れないでください。

今までの成功パターンといわれる王道は、もうアテになりません。自分自身がどんな人生を生き、仕事や家庭をどう位置づけるかを自分のペースで考えればいいのです。自分なりの価値観にもとづいた人生設計、です。

昨今の目まぐるしい変化を考えると、収入の複数化も今後の大きなテーマになるはずですから、本業と関係のある副業しかり、人生の経営者になったつもりで、私たち一人ひとりが変動制の生き方と上手く付き合っていかないといけません。

見栄やプライドはいりません。皆と同じである必要もありません。一歩一歩、手探りでいいのです。どうか自分に対する応援をやめないでください。

彼を知り己を知る

彼を知り己を知れば百戦殆《あや》うからず。

本書で述べてきたことは、この言葉に集約される気がします。

「どんな人生を送りたいか」「その中で仕事をどう位置づけるか」「そのために今何をするべきか」と順序立てて考えることの重要性、「環境×自分」の法則や変動制の生き方を説いてきました。

そこに共通するのは、自分（目指したい生き方）を知り、彼（社会情勢や労働市場、ライバル）を知ることです。そのうえで、自分なりの戦い方（自分の強み）に注力する。

つまり、彼（環境やライバル）を知り、己（自分）を知ることで人生の勝率を上げる、ということです。

人は誰しも向き不向きもあれば、性格も異なります。

短期集中が得意な人もいれば、長い時間かけてじっくりとやるタイプの人もいますし、競争をなるべく避けたい性格の人もいるでしょう。

私自身は短期集中が得意な一方で、だらだらと時間をかけることは性格的に向いていないため、35歳までは仕事と学習のみに注力してきました。海外ビジネススクールも米国などは一般的に2年制ですが、欧州で主流の1年制を選んでいます。

そして目指す方向（どんな人生を送りたいのか）も、もちろん人によって異なります。大事なことは自分なりのゴールを持つことであり、自分なりの生き方を追求すること。人生設計とは、人生のシナリオであり、オリジナルなものであるからこそ、己を知り彼を知り、どう戦うかを設定するべきなのです。

そうすれば「環境×自分」の法則や、注力すべき分野以外はアウトソースする変動制の生き方にも合致しますから、成功の可能性が高まるだけでなく、外野のノイズにいちいち惑わされることもなくなります。

環境の変化に応じて目標や手段を柔軟に変える重要性も本書では説きましたが、柔軟性を発揮するためにも、自分自身と環境の双方を理解している必要がありますし、継続的なセルフチェックが大切なのです。

コロナ禍を契機に業界や会社、職種や年齢において、今まで以上に差が広がっていく可能性があります。もはや万人に当てはまる正解や王道はなくなり、「平均的」といっても格差はどんどん開きますから、平均の意味すらなくなっていくのです。

だからこそ、周囲のノイズに惑わされずに、自分ならではの道を進む勇気が求められるのです。自分にとっての成功とは何か、自分にとっての幸せの形とは何か。

自分なりの幸せの形を見つけて、それを達成する。

それが自分にとっての成功なのです。

霧のような不確実性に包まれた時代だからこそ、自分自身の価値を認め、他者の価値観を認め、お互いに支え合っていきたいものです。

今、私自身を含め、一人ひとりの生き方が問われているのです。

おわりに

学歴や他人からの評価に頼らない。仕事や人生の成功はあくまで自分基準であり、成功しているか否かを決めるのは自分自身である——。

それが本書の大きなテーマでしたが、おそらく今までは成功の定義は社会や他人が決めてくれるものだという前提で、人生を歩んできた人も多いでしょう。

学歴としての成功、勤務先としての成功。

あるいは高収入や肩書としての成功。

その背景にあったのは旧弊な価値観・考え方であり、今後も以前と変わらずにありつづける、ということがベースになっていました。つまり成功の方程式のようなものです。

しかしながら、ここにきて多くの人は気がつきはじめています。

「それって本当に成功なのかな、幸せなのかな？」と。

冷静に考えれば、価値観が多様化している社会において、万人に当てはまる成功の方程式や幸せの形が存在するわけがありません。

それでも「いい学校、いい会社」がいい人生と、延々いわれつづけてきたのです。

「いろいろな生き方があっていい」「自分らしく生きていい」と気がついた今は、もはや幻想を抱かせるだけの成功の方程式は通用しません。

その一方で「自分らしさって何だろう」という疑問を多くの人が持っています。

お手本のない世界、つまり自由だからこその困惑と不安です。

先が見えない、将来どうなるかわからない。

確かにそうかもしれません。

それでも確実にいえることがあります。

明日は必ず来るし、将来は必ず来るのです。

自分なりの成功を定義する、というと難しく聞こえるかもしれませんが、今日よりも明日、より良い人生を生きられるように自分なりにがんばってみる。それで良いのです。

小さな積み重ねは、やがて大きな変化へとつながるから。

辛いとき、どん底にいる気分のとき。落ち込むこともあるし、下を向いてしまうこともあるでしょう。それは私も同じです。

それでも明日は来るのです。向かうべき方向はひとつしかありません。上です。

他人と比較して、自分を勝手にダメ扱いするのはもうやめましょう。

あなたの良さや魅力は、他人と同じ土俵にあるのではなく、違うところにあるのです。

自分と真摯に向き合い、自分自身の良さや魅力を再発見し、自分なりの人生を歩む。

それで良いのです。それが人生の成功につながるのです。

人生とはつねに新しい自分との出会いを通じた旅なのです。

他人とは違うかもしれません。ＳＮＳを見て他人が羨ましく映るかもしれません。

でもね、あなた自身は他人からは意外と輝いて見えるはずです。

まずは、あなたが自身の最大のファンとなって、自分なりの成功に向けて最初の一歩を踏み出してみませんか。きっとまだ出会ったことのない自分に出会えるはずです。

うわべだけの完璧を求めるのではなく、自分にとっての幸せの形を追求しましょう。

一人ひとりが魅力的になれば、社会はより「豊か」になるはずです。

お互いに年甲斐もなく、いつまでも夢を見つづけ、追いつづけましょう。

本文組版　山口良二

著者略歴――――
安井元康　やすい・もとやす
MCJ社長。1978年東京生まれ。都立三田高校、明治学院大学国際学部卒業後、2001年にGDH(現ゴンゾ)に入社。2002年に株式会社エムシージェイ(現MCJ)に転職し、同社のIPO実務責任者として東証への上場を達成、26歳で同社執行役員経営企画室長(グループCFO)に就任。その後、ケンブリッジ大学大学院に私費留学しMBAを取得。帰国後は経営共創基盤(IGPI)に参画。さまざまな業種における成長戦略や再生計画の立案・実行に従事。同社在職中に、ぴあ執行役員(管理部門担当)として2年間事業構造改革に従事の他、金融庁非常勤職員等、社外でも活躍。2016年にMCJに復帰、2017年より同社社長兼COO。2014年より東洋経済オンラインで「非学歴エリートの熱血キャリア相談」を連載中。著書に『極端のすすめ』(草思社)、『非学歴エリート』『下剋上転職』(ともに飛鳥新社)、『99・9%の人間関係はいらない』(中公新書ラクレ)などがある。

「学歴なんて関係ない」は
やっぱり正しい

2021年2月17日　第1刷発行

著　　者　安井元康
装 丁 者　杉山健太郎
発 行 者　藤田　博
発 行 所　株式会社 草思社
〒160-0022　東京都新宿区新宿1-10-1
電話　営業 03(4580)7676　編集 03(4580)7680

本文印刷　株式会社 三陽社
付物印刷　株式会社 暁印刷
製 本 所　加藤製本 株式会社

ISBN978-4-7942-2503-0　Printed in Japan　検印省略

造本には十分注意しておりますが、万一、乱丁、落丁、印刷不良などがございましたら、ご面倒ですが、小社営業部宛にお送りください。送料小社負担にてお取替えさせていただきます。